El monasterio interior

Victoria Cirlot y *Blanca Garí (ed.)*

EL MONASTERIO INTERIOR

CON TEXTOS DE
Caroline Bruzelius
Victoria Cirlot
Blanca Garí
Marco Rainini
María Tausiet

FRAGMENTA EDITORIAL

Publicado por FRAGMENTA EDITORIAL
Plaça del Nord, 4, pral. 1.ª
08024 Barcelona
www.fragmenta.es
fragmenta@fragmenta.es

Colección FRAGMENTOS, 41

Primera edición FEBRERO DEL 2017

Dirección editorial IGNASI MORETA
Producción editorial ELISENDA SEVILLA
Producción gráfica INÊS CASTEL-BRANCO

Impresión y encuadernación AGPOGRAF, S. A.

© 2017 VICTORIA CIRLOT Y BLANCA GARÍ
por la edición de los textos

© 2017 CAROLINE BRUZELIUS, VICTORIA CIRLOT, BLANCA GARÍ, MARCO RAININI Y MARÍA TAUSIET
por los textos respectivos

© 2017 FRAGMENTA EDITORIAL, S. L.
por esta edición

Depósito legal B. 2.686-2017
ISBN 978-84-15518-69-3

Con el apoyo del Departamento de Cultura de la Generalitat de Catalunya

PRINTED IN SPAIN

RESERVADOS TODOS LOS DERECHOS

Mas el espíritu de la profundidad dijo:
«Nadie puede ni debe evitar el sacrificio.
El sacrificio no es destrucción.
El sacrificio es la piedra fundamental de lo venidero.
¿Acaso vosotros no habéis tenido monasterios?
¿No han ido incontables millares al desierto?
Debéis llevar monasterios en vosotros mismos.
El desierto está en vosotros. El desierto os llama
y os trae de vuelta, y si estuvierais forjados
con acero al mundo de este tiempo,
el llamado del desierto rompería todas las cadenas.
Verdaderamente os preparo para la soledad.»

CARL GUSTAV JUNG
El libro rojo, Liber primus

ÍNDICE

INTRODUCCIÓN, *por Blanca Garí*   9
1. Espacio arquitectónico / espacio simbólico   12
2. Diagramas de contemplación   14
3. Prácticas que construyen interioridad   15
4. Convertir en lugar el no-lugar   17
   Bibliografía   19

CONSTRUYENDO LA CLAUSURA. REFLEXIONES SOBRE SANTA CLARA DE NÁPOLES, *por Caroline Bruzelius*   21
1. La reina y el convento   25
2. La construcción de la iglesia   28
3. Santa Clara y la arquitectura mendicante   35
4. Conclusión   37
   Bibliografía   38

EL ORDEN DEL DESORDEN Y SUS ORDENAMIENTOS. *RATIO* Y VIDA ESPIRITUAL EN LOS DIAGRAMAS DE LOS VICIOS DEL SIGLO XII, *por Marco Rainini*
1. El tema   41
2. Diagramas y representaciones diagramático-simbólicas   42
3. Gregorio Magno: la relación entre los vicios   45
4. Los árboles del *Liber floridus*   46
5. Los árboles de Conrado de Hirsau   48
6. Los vicios en la *Rota dominice orationis*   53
7. Los diagramas de Godofredo de Auxerre   58
8. La influencia posterior de Conrado de Hirsau   65
9. Conclusión   68
   Bibliografía   73

EL MONASTERIO HERMÉTICO. ALQUIMIA Y SECRETO
A FINALES DEL SIGLO XVI, *por María Tausiet*   81
1. El monje hermético   86
2. El monasterio hermético   94
3. *Cura sui et cura aliorum*   102
   Bibliografía   113

CONSTRUYENDO LA CABAÑA: APROXIMACIONES
A LA REALIDAD INTERIOR, *por Victoria Cirlot*   115
1. La cabaña de Heidegger   117
2. Ensoñaciones: Gaston Bachelard   120
3. Fuerza configuradora: Henry Corbin   123
4. El castillo interior: Michel de Certeau   128
5. La intimidad de lo redondo: Peter Sloterdijk   131
6. La tienda mágica: Lars von Trier   135
   Bibliografía   137

INTRODUCCIÓN

Blanca Garí

Existe una intensa relación entre el lugar y la persona. No siempre lo sabemos ni siempre es evidente, pero existe. Esto es particularmente así cuando nos aproximamos al lugar de la indagación espiritual. Este libro trata acerca de ello.

Para llevar a cabo la tarea de comprender el sentido de esa relación hemos querido acudir al concepto de *monasterio interior*. Quizá sorprenda. Habrá quizá quienes piensen que se trata fundamentalmente de los claustros y del interior pétreo de la arquitectura monacal; habrá quizá también quienes tengan la sensación de que se apunta de inmediato y de manera específica a la espiritualidad interior que ordena el corazón y la mente de las personas. Y, sin embargo, aunque acierten, unos y otros se equivocan. Al menos respecto a este pequeño libro. En él, bajo el concepto *monasterio interior* se aglutinan una serie de espacios y de prácticas que van mucho más allá de una idea monosémica y que insinúan, por el contrario, un universo rico en ecos, connotaciones y significados. Un universo que bascula entre el lugar y la persona.

Hace ya años que desde distintas disciplinas se discute acerca de la polisemia del espacio y de la producción, percepción e interacción de este mismo espacio por y con los seres humanos. En particular, desde los viejos trabajos de Henri Lefebvre (1974) se ha buscado incesantemente comprender la compleja dialéctica que se entreteje entre el espacio concreto y el abstracto en la producción de espacios físicos, sociales y mentales, a los cuales hoy podríamos añadir también los espacios simbólicos. En este contexto, cobra fuerza la idea de una relación fluida entre el espacio exterior y el interior, que lo son siempre y solo en referencia a otro. Megan Cassidy-Welch ha enfatizado recientemente la importancia de los conceptos de espacio y lugar y, en referencia explícita al espacio sagrado y a la espiritualidad del Císter, ha subrayado la idea de que el espacio puede ser entendido como un medio por el cual localizarse uno mismo en un entorno inmediato y escatológico. Este espacio, además, está continuamente demarcado por la acción, por el movimiento y por el uso, es dinámico y fluido, y puede encontrarse o no materialmente delimitado (Cassidy-Welch, 2004 y 2010).

En tradiciones y épocas muy distintas, hombres y mujeres han buscado con frecuencia lugares donde encontrarse a sí mismos. En algunas de estas tradiciones, a esos lugares de peculiar indagación y trabajo interior se les ha dado el nombre de *monasterio*. Se trata sin duda de un espacio, pero se trata sobre todo de un lugar creado y definido por su uso. Consiste, pues, en un lugar que nace de una práctica. Así entendida, en la palabra *monasterio* se acumulan significados que afloran en distintos planos. En el origen de la propia palabra está la práctica de soledad, el *monos/solo* de los padres del desierto, pero también la de la vida en común, el *monos/uno* de las primeras comunidades entendidas como un cuerpo único y simbólico. Pero la palabra *monasterio* también connota de inmediato aquel lugar en cuyo interior ocurren esas prácticas de soledad y de unión. ¿De qué lugar se trata? ¿En el interior de dónde acontecen las prácticas monásticas?

¿Cuál es ese espacio del cuidado de sí monástico, de la *cura sui*, que formulado de maneras distintas recorre tiempos y culturas? ¿Dónde van quienes se buscan a sí mismos? Parece fácil la respuesta y, sin embargo, no es obvia. Sabemos con frecuencia hacia dónde van, pero no sabemos dónde. Porque el monasterio, lo concibamos dentro o fuera de las tradiciones religiosas concretas, y aun siendo a menudo un espacio exteriormente visible, materialmente palpable, en última instancia oculta siempre un dónde interior y recóndito, de difícil acceso. Los cuatro capítulos de este libro hablan precisamente de ese acceso y emprenden uno a uno la tarea de encontrar sus puertas.

Los cuatro ensayos que el lector tiene en las manos recogen las contribuciones de cuatro especialistas que participaron, en octubre del 2015, en las Segundas Jornadas de Estudios sobre Espiritualidad y Monaquismo en la Edad Media. Estas jóvenes jornadas, que bajo el nombre genérico de CURA SUI se celebran anualmente en el Real Monasterio de Santa María de Pedralbes, de Barcelona, son el resultado de un convenio de colaboración entre el IRCVM (Institut de Recerca en Cultures Medievals de la Universitat de Barcelona, Proyecto Paisajes Espirituales MINECO HAR2014-52198-P), el IUC (Institut Universitari de Cultura de la Universitat Pompeu Fabra) y el propio Monasterio de Pedralbes (ICUB), y son organizadas por Anna Castellano, Victoria Cirlot y yo misma. Las del año 2015 llevaban por título específico «El monasterio interior» e invitaban a los participantes a reflexionar sobre los posibles abordajes de este complejo tema.

El resultado son estas cuatro aproximaciones al lugar del monasterio interior, entendido como espacio y como práctica. Cada una de estas aproximaciones discurre por caminos, contextos y épocas diversas. Sin embargo, leídos en su conjunto, los capítulos de este libro ofrecen un hilo conductor que muestra cómo la *cura sui* monástica, desde la Edad Media hasta la contemporaneidad, construye incesantemente lugares en los que realizarse. El primero de estos ensayos aborda la cuestión desde la perspectiva de la historia de la arquitectura medieval, repensando la fábrica monástica de Santa Clara de Nápoles y poniendo el acento en la simbología del plan constructivo de su iglesia en estrecha relación con la clausura femenina. El segundo nos habla de las prácticas de interiorización a las que estaban destinadas las representaciones diagramático-simbólicas nacidas en un ámbito monástico y difundidas a lo largo del siglo XII. El tercero nos lleva al siglo XVI y, a partir del estudio de un proceso judicial, analiza el sentido de las prácticas alquímicas que realizaba un fraile cartujo en el interior de su celda. El último, por fin, en medio del laberinto de la contemporaneidad, muestra el modo en que la búsqueda interior avanza, tanto en el presente como en el pasado, a través de prácticas de soledad, de unión y de indagación interior para alcanzar a construir un lugar, una «cabaña».

I ESPACIO ARQUITECTÓNICO / ESPACIO SIMBÓLICO

Hablar de Santa Clara de Nápoles no es hablar de cualquier monasterio. La autora del primero de los cuatro ensayos, «Construyendo la clausura», lo sabe, y aborda con cautela el análisis de un conjunto arquitectónico que ha marcado el paisaje de la ciudad de Nápoles desde la Edad Media hasta el presente, incluida la importantísima restauración a la que el edificio fue sometido después de la Segunda Guerra

Mundial. La mole del convento, por sus dimensiones y por su emplazamiento, ha destacado a lo largo de los siglos en el horizonte urbano. No es esto, ya lo sabemos, lo que aquí interesa. Pero la visión del monumento exterior, que es en sí mismo una proclama, remite a la arquitectura interior que anuncia a su vez, en su plan constructivo y en la simbología de sus piedras, la revolución espiritual mendicante y el importante papel que las mujeres tuvieron en ella. Santa Clara de Nápoles fue querido por Sancha de Mallorca y su esposo Roberto de Anjou. Ambos monarcas procedían de círculos familiares, culturales y políticos profundamente imbuidos de radicalismo mendicante y del fransciscanismo espiritual. Entrar en el interior del monasterio nos hace descubrirlo. Mas es preciso hacerlo lentamente, penetrar y dejarse penetrar paso a paso, deslizándose como hace la autora del exterior al interior, abriendo puertas que desvelan claves de lectura. Ciertamente es posible un análisis político de la simbología real del monasterio. Pero si se discurre cuidadosamente por el interior inmenso de su iglesia rectangular y se ponen los interrogantes adecuados a la distribución de los espacios destinados a los laicos, los frailes y las monjas, el plan constructivo de Santa Clara trasciende lo mundano y nos remite a una comprensión más profunda de las prácticas espirituales de aquel tiempo. Entonces la iglesia se transforma en un lugar escatológico. Un lugar de prácticas y gestos a través de los que localizarse interiormente. Y en ese lugar, cuya distribución gira en torno a la relación visual y auditiva con el altar mayor donde se consagra y eleva la hostia, destaca un espacio concreto, el coro de las monjas. El coro de clausura, el espacio devocional por antonomasia de la comunidad femenina, recibe aquí, y no porque sí, una solución arquitectónica radicalmente novedosa en la cabecera de la iglesia. Si nos dejamos penetrar por ella y nos guiamos por su interpretación simbólica, tal vez nos invite a pasar del interior del monasterio a otro espacio. Solo entonces nos veremos frente a un nuevo dónde. Solo entonces nos hallaremos ante ese lugar al que hemos dado el nombre de *monasterio interior*.

2 DIAGRAMAS DE CONTEMPLACIÓN

El segundo capítulo del libro, «El orden del desorden», nos introduce en una técnica precisa: la del uso de las representaciones diagramático-simbólicas en los procesos de interiorización. A quien los contempla desde la mirada no experta de lector del siglo XXI, la visión de estos diagramas produce en cierta manera asombro y desconcierto. Intuimos que parecen lo que tal vez no son, y nos hacen pensar, paradójicamente, en algo a la vez más lejano y más cercano a nuestra cultura y a nuestro tiempo. Lo que vemos se asemeja a los mandalas. ¿Y qué hacen aquí? ¿Por qué acompañan las páginas de preciosos manuscritos espirituales del siglo XII?

Una cosa está clara: nacidas en ambientes monásticos, estas figuras —«fórmulas» o «formas», como también se las llama— no tienen, o no solo tienen, el propósito de adornar, ni aún menos el de ilustrar a quien no le basta con la letra. Su función es más bien otra. Están ahí para inspirar al lector monástico que las contempla, están ahí para ayudarlo a penetrar en los secretos de la interioridad de la palabra que el manuscrito revela. Están ahí, según la acertada definición que Ivan Illich hizo de las iluminaciones en general hace años, como «vehículos no verbales para la misma revelación transmitida por los sonidos de las letras» (ILLICH 1993: 144). Están ahí para abrir puertas.

No se trata, pues, de simples imágenes descriptivas, ni tan solo de simples diagramas. El ejemplo de los árboles y las ruedas de vicios y virtudes del siglo XII (con especial hincapié en la jerarquía, posición y función que presenta la ordenación de los vicios) es el hilo conductor que lleva al autor de este capítulo a profundizar en la diagramática simbólica en tanto que refinada técnica espiritual destinada a leer en la realidad visible lo invisible. Una práctica monástica que los hombres y mujeres de la Edad Media desarrollaron para crear lugares de exégesis interior. Las obras de Gregorio Magno, Lamberto de Saint-Omer, Conrado de Hirsau, Godofredo d'Auxerre o Herralda de Hohenburg, y los diagramas que en ellas se despliegan, desfilan así ante nuestros ojos invitándonos a penetrar desde lo exterior en el interior a través de sus *figuræ*; invitándonos a descubrir los mundos a los que conducía el hecho de contemplarlas.

3 PRÁCTICAS QUE CONSTRUYEN INTERIORIDAD

El tercero de los ensayos de este libro nos lleva al interior de un monasterio de jerónimos de finales del siglo XVI. La autora de «El monasterio hermético» dibuja, en primer lugar, los trazos fundamentales de una arquitectura concebida en este caso para aunar soledad y comunidad, trabadas en la práctica del silencio. Por ello, en el monasterio jerónimo el centro de la vida monástica, sin menoscabo de los espacios de la liturgia y de la vida en común, es la celda. No estamos, sin embargo, en cualquier monasterio, sino en uno concreto donde un fraile en el interior de su celda se dedica con ahínco a la práctica de la alquimia. La fuente histórica que nos informa de ello y que nos permite conocer lo que allí estaba sucediendo es, como subraya este ensayo, fascinante pero en cierto sentido ambigua. Se trata de un proceso judicial incoado contra un monje bajo la jurisdicción excepcional de un arzobispo. Pero las palabras que allí encontramos, las de la acusación y las del monje que se defiende, deben ser valoradas con cautela porque son dichas, parece, desde lugares distintos. Por un lado, nos llegan las razones de este mundo: la materialidad de los metales, la alquimia como medio de transformarlos y enriquecerse, las inquietudes de un arzobispo que ha de juzgar si se está fabricando moneda falsa, los intereses de un rey que se rodea de alquimistas, las penurias de una familia o las del propio monasterio. Por otro, sin embargo, nos llegan las palabras y las prácticas de un fraile hermético. Lo que dice no está claro, pero, cerrado en su celda de jerónimo, esas prácticas podrían estar cerca de la alquimia espiritual. Y en ese caso, lo acontecido en aquel lugar, convertido en laboratorio donde trabajarse a sí mismo, nada tendría que ver con las riquezas de este mundo; supondría más bien un arte de vivir, una *cura sui* que, actuando sobre el yo, intenta transformarlo. Si fue o no así solo lo sabe el fraile, pues ese arte no es otro que el de la transformación del lugar —aquí, la celda— en un dónde interior, en un monasterio propio.

4 CONVERTIR EN LUGAR EL NO-LUGAR

El último de los capítulos de este libro, «Construyendo la cabaña», se centra en la contemporaneidad y se pregunta directamente por la relación entre el lugar y la persona. Al indagar acerca de la realidad interior e intentar aproximarse a ella, la autora explora en este ensayo un camino que discurre en cierto modo en dirección inversa. Aquí el punto de partida no es el lugar, sino el no-lugar de la experiencia interior. El punto de llegada, en cambio, se vislumbra en la forma en la que esta experiencia se hace visible exteriormente en un dónde concreto. Pues, desde esta perspectiva de análisis, para comprender el monasterio interior resulta imprescindible comprender primero el diálogo de lo invisible con la visibilidad, y descubrir cómo, mediante la materialización en imágenes o acciones constructivas, lo invisible se convierte en lugar, en templo, en esfera o en cabaña.

De este modo, recogiendo herencias iconográficas y arquitectónicas del pasado, y cruzando continuamente puentes que van y vienen de la Edad Media hasta siglo XXI, se exploran en este capítulo las relaciones fluidas entre lo exterior y lo interior como instrumento de desvelación de la interioridad. Constatamos así que autores como Gustav Jung, Martin Heideger, Gaston Bachelard, Henri Corbin, Michele de Certeau, Peter Sloterdijk o Lars von Trier plantearon en su vida y en su obra respuestas de índole distinta a la cuestión de la exigencia de la *cura sui*, de la voluntad de creación de un espacio interior y de la necesidad de su visibilidad exterior: el círculo cerrado del primero; la unión entre paisaje, soledad y trabajo del segundo; la poética del espacio y del rincón creado del tercero; el templo entre el cielo y la tierra del cuarto; el espacio interior de la mística del quinto; la intimidad de lo redondo y la explosión de las esferas del sexto y, finalmente, la construcción de la cabaña protectora del autor de *Melancolía*. Se trata de respuestas de índole distinta, sí, pero se trata también de formas espirituales y materiales que, aunque sean diversas, manifiestan sin embargo todas ellas una realidad interior. Se trata de respuestas que acechan siempre e incesantemente un mismo y único horizonte. Para otearlo, la autora deshilvana y despliega, de entre todos los posibles, dos conceptos que le sirven de hilo conductor en su interpretación. Por un lado, el «paisaje» y, por otro, la «cabaña». La dialéctica que entre ambos se establece los transforma. El paisaje exterior se hace proclama de uno mismo y se interioriza en la cabaña; los seres de la cabaña se funden con el universo que los rodea. La simbiosis y la unión entre el paisaje y la cabaña anuncian así la presencia de un espacio en el que lo exterior y lo interior, el sujeto y el objeto, se han transformado en una sola y misma cosa. De esta convergencia nace el espacio simbólico, que no es otro que el *monasterio interior*.

En conclusión, este libro presenta cuatro ensayos bien distintos. Los cuatro, sin embargo, abordan de una u otra forma el concepto de *monasterio interior* y exploran la compleja relación que se entreteje entre el lugar y la persona. De la arquitectura gótica del siglo xiv a la alquimia del siglo xvi, de los diagramas simbólicos del siglo xii a las imágenes y acciones constructivas del yo del siglo xxi, ¿qué hemos descubierto? El lector, discurriendo por las páginas de este libro, deberá hallar por sí mismo la respuesta. Y, sin embargo, este prólogo quiere avanzar una pequeña pista. Pequeña pero eficaz, si comprender es lo que se está buscando. Repitamos la pregunta inicial: ¿dónde van quienes se buscan a sí mismos? No lo sabemos, pero solo hay un camino para intuirlo, un camino que trazan y jalonan los lugares que dan visibilidad a la búsqueda. Pues el dónde se revela, aquí y siempre, en un *adónde*.

BIBLIOGRAFÍA

Cassidy-Welch, Megan, *Monastic spaces and their meaning. Thirteenth-century English Cistercian monasteries*, Brepols, Turnhout, 2001.
—, «Space and place in medieval contexts», *Parergon* [P], vol. 27 (2010), p. 1-12.
Illich, Ivan, *En el viñedo del texto. Etología de la lectura: un comentario al «Didascalicon» de Hugo de San Víctor*, Fondo de Cultura Económica, México, 2002.
Lefebvre, Henri, *La production de l'espace*, Anthropos, París, 1974.

CONSTRUYENDO LA CLAUSURA. REFLEXIONES SOBRE SANTA CLARA DE NÁPOLES

Caroline Bruzelius

El vasto convento doble de Santa Clara, inicialmente dedicado al *Corpus Domini*, se asoma a la ciudad de Nápoles y a su puerto (figura 1). Todavía hoy, después de la reconstrucción de Nápoles al final de la Segunda Guerra Mundial, la iglesia emerge como un enorme punto de referencia en medio de un entorno urbano densamente poblado. Santa Clara se sitúa al lado sudoeste del centro histórico y marca el final del *decumanus inferioris* más bajo, una calle que actualmente se conoce con el nombre de Spaccanapoli. En la Nápoles medieval, el convento determinaba la transición desde la estrecha cuadrícula de la ciudad antigua hacia el palacio real de Castelnuovo y las residencias principescas que lo rodeaban (De Blasiis 1887). El contraste entre la austeridad de esta inmensa mole y los palacios lujuriosos con sus jardines podía ser visto como una metáfora de la «doble vida» de algunos miembros de la corte, como la de Delfina y Eleazar de Sabrán, y quizá también la de la pareja real, Roberto el Prudente (1277-1343) y Sancha de Mallorca (c. 1285-1345), cuyos sepulcros evocaban una combinación de penitencia mendicante y autoridad real. La reina Sancha tuvo un papel especial en la fundación y el financiamiento del convento de Santa Clara, y a pesar de que pasó la mayor parte de su vida entre la ostentación y el rito de la vida de la corte, asumiendo responsabilidades tanto administrativas como sociales, parece que su corazón permaneció siempre próximo a sus fundamentos piadosos. De hecho, en 1317 pidió permiso para abandonar el palacio y entrar en esta misma comunidad religiosa (la petición fue denegada). La tarea de fundación de Santa Clara formó parte de un compromiso, que duró toda su vida, hacia la espiritualidad franciscana y la creación de instituciones religiosas que abordasen las necesidades devocionales (y de praxis religiosa) de las mujeres en varios grados de la escala social y económica.

A causa de sus dimensiones y de su ubicación topográfica, Santa Clara es un monumento excepcional de Nápoles. Tanto o más grande que la catedral, fue el escenario de ceremonias reales y el lugar para el entierro de algunos miembros de la familia real. Hasta el momento en el que fue bombardeada en la Segunda Guerra Mundial, la espectacular decoración barroca del interior atrajo una devoción especial entre los habitantes de la ciudad; su destrucción hasta inspiró una famosa y profunda canción melancólica: *Munasterio e' Santa Chiara*, compuesta en 1945.

La iglesia del convento es excepcional no solamente dentro de la orden franciscana, sino también entre las tradiciones arraigadas de la arquitectura cristiana. Sus dimensiones la sitúan entre los edificios más grandes de la orden y, especialmente, entre los conventos fundados por la rama femenina de las clarisas (también conocidas como Hermanas Pobres de Santa Clara). Dado que se trataba de un convento doble con las habitaciones para hombres y para mujeres separadas en claustros adyacentes, la comunidad se volcó con una forma de vida religiosa inusual en la época y se situaba en los márgenes de la práctica monástica, aunque la descripción que Jacobo de Vitry hace de los franciscanos en Milán sugiere que al principio del siglo XIII las comunidades dobles no eran desconocidas. Además, frecuentemente los conventos de las clarisas se establecían en antiguos monasterios, a veces en casas benedictinas poco pobladas, reestructuradas para una comunidad femenina en clausura. A menudo esto conllevaba el añadido de una capilla lateral o de un balcón superior con el objetivo de crear un coro separado, como por ejemplo en San Pietro delle Vigne, en Anagni, en San Sebastiano, en Alatri y en Santi Cosma e Damiano, en Roma. A través de rejillas y mamparas se posibilitaba el acceso auditivo y (a veces) visual al altar (BRUZELIUS 1992, 1996 y 2005). Existía ya en San Damián, en Asís, un ejemplo excelente de una iglesia pequeña con un coro y un oratorio anexionados, todo alrededor y por encima de una estructura ya existente. A causa de la reutilización de edificios preexistentes, las convenciones habituales de la arquitectura sacra cristiana —estructuras longitudinales que culminan en un ábside— fueron entonces preservadas en la gran mayoría de iglesias clarisas.

Sin embargo, en Santa Clara de Nápoles la planta es radicalmente diferente: la iglesia es sorprendentemente rectangular, con el altar situado ante una pared plana y con tres aberturas enrejadas que conectan el coro anexionado de la comunidad femenina (figuras 2 y 5). Tal como hice notar en un artículo de 1995, de este modo las monjas tenían vistas directas al altar desde el otro lado de estas aberturas enrejadas. La *caja* rectangular del interior estaba subdividida en secciones diferenciadas para las monjas, los frailes y las comunidades laicas, las tres mirando hacia el altar.

Habitualmente los conventos de clarisas fundados por reinas y princesas se construían como espacios de retiro espiritual y físico de la sociedad de la corte. A menudo las mujeres de la realeza ayudaron a redactar las normas para la fundación de los conventos, un precedente establecido en 1259 en la orden franciscana por la princesa Isabel de Francia con los documentos fundacionales de Longchamp (FIELD 2006). Sancha de Mallorca también tuvo un papel destacado en la elaboración de la regla para la vida religiosa de la comunidad, tal como lo hizo también, más tarde, la reina Elisenda de Moncada (1327) en el convento de Pedralbes de Barcelona. La naturaleza particular de la devoción femenina que Sancha y sus predecesoras reales representaron testifica el rol emergente de las mujeres como una fuerza poderosa en la reforma religiosa. Además, durante los siglos XIII y XIV la vigorosa piedad de la reina ayudó a promocionar la noción del linaje santo (*beata stirps*) de la dinastía angevina, un fenómeno que había emergido en la corte parisiense de Luis IX y su hermana Isabel (FIELD 2006: 3, 139-166). A causa de las diversas fundaciones que llevó a cabo, incluidas las destinadas a mujeres indigentes, la reina Sancha se dio a conocer como una reformadora profundamente comprometida y lo que hoy en día posiblemente llamaríamos una activista social. Sus conventos franciscanos se inspiraban en los mensajes más atrayentes del Nuevo Testamento: el cuidado y el consuelo de los pobres y los necesitados. La arquitectura de Santa Clara, a pesar de ser ostentosa, reflejaba de este modo el compromiso de la reina con la singularidad de la misión apostólica franciscana orientada hacia la caridad y la pobreza.

Como iglesia de proporciones monumentales que formaba parte de una orden dedicada a la pobreza apostólica, y como nuevo convento fundado en una ciudad que entonces ya contaba con varias comunidades franciscanas prósperas y preexistentes (San Lorenzo Maggiore para los francisanos y Santa Maria Donnaregina para las clarisas), la fundación de Santa Clara estimula la reflexión y la dilucidación. ¿Hasta qué punto este convento fue, tal como Petrarca dijo, obra de las «propias manos» de la reina (*opus manuam suarum*)? ¿Reflejaba los ideales personales religiosos y espirituales de la reina Sancha, o se trataba de una iniciativa que pertenecía de forma equivalente al rey Roberto? ¿En qué medida el diseño y la organización del convento se inspiraron en una antigua asociación familiar con el voto de pobreza de la orden franciscana, que prosperó en los círculos intelectuales y espirituales de Mallorca? ¿O Santa Clara formó parte de una renovación general de la espiritualidad cortesana emergente entre los círculos de las cortes de España y Francia? Y, finalmente, ¿las múltiples funciones del convento como necrópolis real y como lugar para ceremonias de Estado modificaron la planificación, el diseño y las posibles transformaciones de la iglesia de Santa Clara antes o a lo largo de su construcción? Todas estas cuestiones permanecen todavía abiertas.

I LA REINA Y EL CONVENTO

Sancha de Mallorca y Roberto de Anjou volvieron a Nápoles en junio de 1310, después de que el papa Clemente V los hubiera coronado en la catedral de Aviñón, en agosto de 1309. Su retorno a la ciudad fue una marcha lenta desde el sur de Francia, a través del Piamonte y la Toscana. Los recientemente coronados hicieron una larga estancia en Florencia, posiblemente como invitados de la familia Peruzzi. Mientras permanecían allí, seguro que tuvieron la oportunidad de ver Santa Croce en proceso de construcción; el crucero y las capillas situadas al este (incluida la capilla Peruzzi, aunque probablemente todavía no estaba decorada con los frescos de Giotto) podrían haber estado a punto de ser completadas (DE MARCHI / PIRAZ 2011, especialmente p. 46-59). El concepto de una enorme capilla conmemorativa para la familia (y, de hecho, ¡para una familia de banqueros!) en íntima proximidad con el coro de frailes y con la sacristía podría haber producido una profunda impresión a la pareja real.

En Nápoles, la inscripción de la torre de Santa Clara data de la fundación del convento, en el año 1310. En junio de 1312, Clemente V promulgó el primero de varios edictos a favor de esta fundación: el documento inicial daba el permiso para una comunidad de cien monjas. Como evidencia fragmentaria, este hecho sugiere que la obtención de la propiedad fue un largo proceso, pero hacia el año 1317 ya se había adquirido suficiente tierra y se habían terminado un número suficientemente grande de estructuras (¿o se habían adaptado edificios antiguos?) para alojar a la comunidad femenina en clausura. En su correspondencia con Clemente V y, posteriormente, con Juan XXII, Sancha enfatizaba la adherencia a la estricta norma de las clarisas de 1247; partiendo de esta base, parece asumible que la reina hubiera sido escrupulosa a la hora de adherirse a las regulaciones sobre la clausura impuestas por Bonifacio VIII en 1298. El 1317 también fue el año en que Sancha pidió permiso a Juan XXII para dejar la corte e ingresar en el convento. Por este motivo es probable que las zonas residenciales y como mínimo un coro provisional estuvieran ya disponibles para la comunidad de mujeres, y las estructuras residenciales también debían de estar suficientemente acabadas y dignas para que la reina las habitase. La comunidad vecina de frailes se instaló aproximadamente en el mismo momento. Que Santa Clara fue un éxito inmediato y que atrajo un gran número de residentes es evidente por el hecho de que, en enero de 1318, fue concedido un permiso para incrementar el número de religiosas hasta ciento cincuenta.

Durante los primeros años después de su llegada a Nápoles como reina, Sancha pidió a dos hermanas clarisas, ambas seleccionadas por el ministro general de la orden franciscana, que viviesen con ella en su residencia real (en el año 1338 pidió dos más, que fueron en efecto *hermanas de la corte*). Anteriormente a la petición de entrar en la comunidad de Santa Clara en 1317, Sancha aspiraba a una vida religiosa dentro de las limitaciones de la corte; la rápida sucesión de fechas puede sugerir que, desde el punto de vista de Sancha, había una cierta urgencia por tener el convento preparado de cara al cumplimiento de su vocación religiosa.

A lo largo de los años siguientes, Sancha fundó otras numerosas casas religiosas para mujeres en Nápoles: Santa Maria Maddalena para las penitentes, donde en 1334 había ciento ochenta y dos mujeres dentro de la comunidad, y en 1342 ya eran trescientas cuarenta. A causa de su preocupación por ayudar a las mujeres indigentes, también constituyó el convento de Santa Maria Egiziaca en 1342. En el año 1338 fundó el convento doble de Santa Croce di Palazzo, muy próximo al palacio real de Castelnuovo. Para esta nueva comunidad, Sancha pidió varias monjas de Santa Clara de Asís, que supuestamente eran parientes de sangre de Santa Clara. También fundó conventos de clarisas en Aix-en-Provence y en Marsella. Tal como había sucedido con Santa Clara en Nápoles, las fundaciones de Aix y de Santa Croce en esta misma ciudad fueron constituidas como comunidades dobles, a pesar de que en esta segunda los hombres viviesen en una iglesia adyacente y totalmente separada, con un claustro dedicado a la Divina Trinidad. Ninguna de estas fundaciones sobrevivió.

Continuando la tradición familiar, Sancha mantuvo una veneración especial a la hostia consagrada: la consagración original de Santa Clara fue al *Corpus Domini* u *Hostiæ Sancte* (BRUZELIUS 2004: 145-146). La familia mallorquina también tenía fuertes vínculos con la facción rigorista de la orden franciscana, conocida como los Espirituales. El hermano de Sancha, Felipe de Mallorca, se trasladó a Nápoles en 1329 para predicar la pobreza apostólica; a través de él, la corte se vinculó con Angelo Clareno, algunas de cuyas cartas se refieren a Sancha. Felipe era una presencia inflamable: hacia finales de 1329 fue reprendido por predicar que Cristo y los apóstoles no poseían nada. Por una vez, la asociación de la realeza con el voto de pobreza de los franciscanos estimuló una corriente de invectivas contra algunos de los frailes alojados en el convento de Santa Clara (LÉONARD 1954: 267-269; EHRLE 1888 y MUSTO 1985).

2 LA CONSTRUCCIÓN DE LA IGLESIA

En el siglo XVIII, la iglesia del convento de Santa Clara fue profusamente decorada al estilo barroco por Vaccaro y Del Gaizo. Una suntuosa capa de estuco y mármol transformó la iglesia en lo que Émile Bertaux describió como «una especie de sala de fiestas», que ocultaba completamente las paredes medievales (Bertaux 1868: 169). El trascoro había sido destruido hacía bastante tiempo; hacia finales del siglo xvi los relieves escultóricos fueron recolocados en una tribuna en la entrada de la nave.

El 4 de agosto de 1943 Santa Clara fue devastada por las bombas incendiarias de los aliados: tanto la iglesia como la gran abundancia de tumbas, altares y frescos se convirtieron en un conjunto de ruinas humeantes. La destrucción fue sucedida por una restauración radical durante la década de 1950, una reconstrucción que todavía hoy es una cuestión controvertida (Gallino 1963; Dell'Aja 1980) (figuras 4-7). Por ejemplo, las fotografías tomadas antes de la guerra enseñan cómo el coro de las monjas estaba completamente recubierto de frescos, de los que solamente quedan los pocos fragmentos que se pueden asociar a Giotto. Los restauradores aquí, como en el resto de la iglesia, desnudaron el edificio y dejaron su esqueleto esencial, que dio lugar a una nave vasta y estéril, desprovista de decoración (figura 6). Las capillas laterales, situadas dentro del perímetro de la estructura, soportan por encima una amplia galería: el edificio es, en efecto, una gran caja (figuras 3, 6 y 8).

Han llegado hasta nuestros días pocos documentos que hagan referencia a la construcción de la iglesia durante los primeros años del siglo xiv (Gaglione 2014). El adobe amarillo y poroso de las paredes procedía de las canteras locales y probablemente fue requisado por parte de la Corona. Las vigas del techo, cada una de las cuales mide unos treinta y tres metros de largo, fueron importadas, probablemente de los bosques de Sila (Calabria), y se transportaron por mar hasta Nápoles. En 1321 el príncipe Carlos de Calabria hizo la primera petición que conocemos de dichas vigas; dos documentos posteriores publicados en 1325 y 1326 indican que las vigas solicitadas serían entregadas en una ratio de cinco unidades por año. La inmensa amplitud de la nave lo convirtió en una empresa formidable, y hubo unas instrucciones específicas para el almacenaje de estas vigas hasta que pudieran ser colocadas en el edificio.

Una sección longitudinal posterior a la restauración publicada por Gallino en 1963 indica que se trata de veinticuatro vigas dobles que cruzan el ancho de la iglesia, con una viga única a cada uno de los extremos de la nave, lo que suma un total de cincuenta (figura 3). A causa de la transformación que se hizo posteriormente durante el periodo del Barroco, así como de la subsiguiente reconstrucción después de la guerra, no podemos estar seguros de que el número de vigas actuales corresponda con el de la estructura medieval. Pero si la disposición actual reflejara el diseño medieval, con la ratio de cinco vigas por año los envíos habrían durado diez años, aproximadamente desde 1325 hasta 1335 o 1336, un periodo que coincide con el del final de la construcción, en 1338.

El abundante financiamiento proporcionado por Sancha juntamente con las dos indulgencias papales (1318 y 1320) sugieren una posible e hipotética cronología de la construcción de la iglesia:

- Hacia 1317, el coro de monjas ya estaba habilitado y se empezaron a construir las paredes inferiores del presbiterio y la nave. Tal como se ha dicho más arriba, los documentos sugieren que en aquel momento las comunidades tanto de clarisas como de franciscanos ya estaban instaladas. El 1317 es también el año en el que Sancha pidió permiso para ingresar en la comunidad. En vista de la estricta regla sobre la clausura, es lógico suponer que esta parte del convento se construyó primero. Construir primero la zona del coro era una práctica habitual de la arquitectura mendicante, hecho que también hubiera sido especialmente importante para una comunidad de mujeres religiosas en clausura.

- El 29 de diciembre de 1324 se efectuó el pago de unas velas asociadas a un entierro (CAMERA 1860) y en 1325 tuvo lugar en la iglesia un primer entierro real, cuya ubicación es hoy desconocida, que posiblemente sugería la emergencia del concepto de este espacio como lugar para entierros reales (uno de entre tantos en Nápoles).
- En el año 1326 se encargó a Bartolomeo de Aquila que decorara con frescos la capilla de la Sagrada Eucaristía, anexada o en el presbiterio.
- Al inicio de la década de 1330 posiblemente se terminó el sepulcro de Carlos de Calabria, muerto en 1328, y se colocó en el presbiterio, a la derecha del altar (LUCHERINI 2011: 477-487).
- En 1338 la iglesia se culminó y el techo se cubrió con plomo. Entonces los trabajos de construcción se trasladaron al enorme campanario.

Hay testimonios sobre cambios importantes en el diseño de Santa Clara durante los primeros estadios de la construcción de la zona de los coros de monjas y de frailes, espacios que probablemente se utilizaban parcialmente alrededor de 1317-1320. A pesar de las dificultades que aparecieron durante la reconstrucción de la posguerra, son múltiples los indicios que hablan sobre estos cambios:

- Originariamente existía la intención de que el espacio central del coro de monjas fuera en bóvedas, tal como lo testimonian los fustes truncados a nivel del techo en la pared sur en dirección al claustro (figuras 3, 4 y 5).
- El largo arco rebajado a cada lado del presbiterio reemplazó tres crujías de bóveda nervada situadas a cada extremo del altar. Hasta el año 1943 quedaban ocultas debajo de la decoración barroca (figuras 3, 6 y 7). Los arcos ojivales y los de las bóvedas nervadas de estos espacios son análogos a los arcos de las naves laterales en el coro de monjas.
- Las dimensiones de la ventana y los patrones de la tracería varían desde el área adyacente al altar hacia el resto de la iglesia (figura 3).
- Se introdujo un nuevo sistema de bóvedas en las capillas situadas más al norte de las primeras capillas adyacentes al presbiterio y al crucero (figuras 2 y 3).

Todos estos indicios se manifiestan mayoritariamente en las partes inferiores del edificio (a la altura de las capillas laterales), en la zona del presbiterio y en el coro de monjas adyacente. Más impresionante es la curva larga y suave del largo arco que va desde las últimas capillas de la nave hasta la lejana pared del presbiterio, el arco que reemplazó las tres crujías de bóveda nervada que se revelaron durante la restauración de la iglesia en la posguerra (figuras 3 y 7). En dirección a la nave, el diseño de las capillas es diferente para poder incluir un profundo arco de bóveda de cañón contra la pared exterior. A pesar de que las condiciones en las que se encuentra actualmente el monumento impiden extraer conclusiones firmes sobre si todos estos amplios arcos representan un cambio de programa durante el proceso de construcción, las molduras se corresponden con las de las capillas en el resto de la nave hacia la entrada. Con la excepción de las bóvedas de las dos primeras capillas adyacentes al presbiterio, el resto del edificio hacia la entrada es homogéneo.

Debía de haber razones estructurales para algunas de estas modificaciones, ya que no hay ninguna indicación que nos permita decir que las bóvedas del coro de monjas (figuras 4 y 5) fueran reforzadas resaltando o dando consistencia a las estructuras del lado de la pared que da al presbiterio (figura 6). Así, el amplio arco individual que reemplazó las tres pequeñas crujías posiblemente representa una solución estructural y un cambio en el diseño. El conjunto de todos estos elementos incompletos y modificados sugiere la idea de un proyecto que se iba construyendo con una prisa considerable y con un posible cambio de arquitecto.

¿Cómo podemos explicar estos cambios en el diseño? ¿Fueron modificaciones significativas por razones estructurales o funcionales? ¿Algunas de ellas eran parte de un recalibrado del proyecto por lo que hace al inmenso gasto que comportaba? Como no parece que los primeros sepulcros reales en el presbiterio daten con mucha anterioridad a los primeros años de la década de 1330, tampoco parece probable que las modificaciones estuvieran relacionadas con el papel emergente de la iglesia como una necrópolis real. El primer sepulcro monumental fue el de Carlos de Calabria, príncipe de la Corona y heredero del trono, que se había asociado con Sancha en distintas transacciones relativas a la construcción del convento. Actualmente su sepulcro está ubicado a la derecha del altar mayor, aunque Lucherini (2011) sugirió que esta ubicación podría haber cambiado. El sarcófago de Carlos de Calabria pertenece al tipo *tinoesco* de los monumentos de varios pisos que se colocaban contra superficies de pared llanas, tal como habían sido las de los sepulcros de Catalina de Austria (muerta en enero de 1323) y de María de Hungría (muerta en marzo de 1323). Este tipo de monumentos requieren un espacio vertical considerable para los niveles superpuestos, sobre los que descansan virtudes, ataúdes, efigies y santos. La retirada de las tres crujías de bóveda nervada en el presbiterio es particularmente interesante por lo que hace a la introducción de los entierros en esta parte de la iglesia (véase la figura 2, que representa el estado actual, *versus* la figura 3, una hipotética reconstrucción de estas crujías), ya que probablemente los sepulcros impusieron la necesidad de un espacio más largo y más amplio. Por supuesto, también es posible que su retirada fuera la consecuencia de un incremento del número de frailes o de altares secundarios, o bien de la provisión de asientos para la familia real. En este sentido, es interesante sacar a la luz que la iglesia de San Lorenzo Maggiore también experimentó un cambio radical durante la década de 1320 en una parte análoga de la estructura, el crucero, donde se eliminaron tres crujías de doble pasillo para crear un solo espacio abierto (BRUZELIUS 2004: 63-70). Además, el proyecto de Santa Croce en Florencia, en aquel momento en proceso de construcción, con un crucero inmensamente amplio y las capillas decoradas con frescos (CODELL, 1988), podría haber sido en parte fuente de inspiración. Sea cual sea la explicación, los cambios en la zona del presbiterio probablemente reflejan la importancia creciente de ubicar los entierros en estrecha proximidad con el altar mayor y el coro de frailes, tal como se puede observar en varias iglesias napolitanas, incluso en San Lorenzo. En última instancia, las donaciones de Catalina de Austria y Bartolomeo de Capua impulsaron una reconstrucción radical del edificio. A lo mejor nos preguntamos si este encadenamiento de muertes reales en rápida sucesión motivó los intentos de reconfigurar los espacios arquitectónicos de las tumbas y de la conmemoración eucarística, y condujo a los cambios en el diseño de Santa Clara que se introdujeron mientras el edificio estaba en construcción. Quizá es tentador preguntarse si había rivalidades entre las instituciones favorecidas por la familia real y la corte para crear espacios monumentales apropiados para los prestigiosos sepulcros que se estaban construyendo a lo largo de aquellos mismos años.

3 SANTA CLARA Y LA ARQUITECTURA MENDICANTE

A causa de la dependencia de mecenas laicos para el soporte financiero, los frailes integraron los entierros laicos y las capillas familiares en las iglesias ya existentes (BRUZELIUS 2014). Esta dinámica empezó durante el inicio de la tercera década del siglo XIII: por ejemplo, consta la petición de un entierro y de misas conmemorativas por parte del mecenas de los dominicos de París, con fecha de 1220 (BERNARD 1883: 40-41). Con el paso del tiempo, las paredes exteriores de las iglesias mendicantes aparecieron «forradas» de capillas anexas, a menudo de dimensiones irregulares; muchas veces se reemplazaban unas a otras a medida que las familias morían y que los estilos arquitectónicos iban cambiando.

Sin embargo, hay testimonios de que hacia el último cuarto del siglo XIII los frailes intentaron poner orden a la irregularidad que existía en el proceso de adición de capillas tal como se había llevado a cabo hasta entonces, por medio del planeamiento y la construcción de nuevas iglesias con las capillas integradas sistemáticamente en el diseño original. Así se puede observar en San Domenico, en Nápoles, en la iglesia del Carmine y, naturalmente, en Santa Clara.

El papel de las iglesias mendicantes como cementerios urbanos cubiertos para mecenas laicos se convirtió, pues, en un elemento significativo del diseño (BRUZELIUS 2014). Las iglesias de los frailes ofrecían una jerarquía de espacios funerarios que oscilaba desde las capillas de élite al lado del coro y del altar hasta las opciones menos caras y más *democráticas* en la nave o incluso en el exterior, como en las galerías externas de Santa Croce. Sancha, en particular, seguramente estaba familiarizada con las importantes iglesias de los territorios de su familia en el sur de Francia, España y Mallorca, así como con los distintos proyectos de construcción que seguían en curso en Italia, donde las capillas familiares conmemorativas eran parte integrante del diseño de la iglesia.

Por lo que hace referencia a la iglesia de Santa Clara, y tanto si se trataba de algo inicialmente intencionado como si no, las tumbas añadieron un prestigio adicional a la fundación de la iglesia. Tal como observaron Michalsky y Enderlein, el elemento específicamente franciscano del sepulcro del rey Roberto, erigido después de su muerte en 1343, fijó el emplazamiento como un lugar especialmente mendicante de identificación y representación reales, y conectó el papel de los funerales y las profundas convicciones espirituales de Sancha sobre la conmemoración [de los muertos] con las predilecciones de Mallorca a favor de los franciscanos reformadores. La asociación con el rigor y el voto de pobreza de los frailes se reflejaba probablemente en la austeridad y el rigor del plano rectilíneo y la extrema simplicidad de la estructura.

4 CONCLUSIÓN

La tarea de los historiadores de la arquitectura es interpretar los monumentos. En Santa Clara, la escasez de textos relacionados con la fundación y las condiciones en las que se encuentra el edificio hacen que esta tarea sea una empresa controvertida. Sin embargo, por lo poco que sabemos de la reina Sancha, queda claro que estaba profundamente involucrada con la misión apostólica franciscana. Y, a pesar de que nunca pudo entrar en la comunidad de Santa Clara, hacia el final de su vida se retiró a lo que era su última fundación religiosa, Santa Croce di Palazzo.

Santa Clara representa una visión de la reforma espiritual. Tal como he señalado en otras publicaciones mías, el inusual plano del terreno es sorprendentemente similar a un diagrama creado para ilustrar la milenaria profecía de Joaquín de Fiore sobre la Tercera edad del Espíritu Santo (figura 9) (BRUZELIUS 1995 y 2004; RAININI 2014). El diagrama tiene forma de caja alargada flanqueada por compartimentos rectangulares que representan las edades paralelas del Padre y del Hijo. En el eje longitudinal, una larga trompeta simboliza la *clarificatio spirito sancto*, que culmina en el amplio espacio de la Tercera edad del Espíritu Santo. Esto corresponde, aproximadamente, al área del coro de los frailes. Más allá del espacio final hay un compartimento identificado como la *Resurrección de los muertos*, un área análoga al coro de las clarisas pobres.

Si el diagrama se puede leer como una metáfora del diseño de Santa Clara, entonces el desplazamiento a lo largo de la iglesia desde la entrada hacia el altar probablemente simboliza un viaje espiritual, a través del Antiguo y del Nuevo

Testamento, hacia una nueva edad de fe y conocimiento representada por las dos comunidades monásticas del convento, una representación que culminó con la reclusión de la plegaria y de la devoción en el claustro. Por supuesto, el significado simbólico de los planos de la iglesia no era nada nuevo: Durandus había identificado los componentes simbólicos de las diversas partes de la arquitectura de la iglesia, y en los siglos anteriores varios planos habían reflejado la consagración de esta: las iglesias tripartidas eran consagradas a la Trinidad y las iglesias circulares eran habitualmente dedicadas a la Virgen. A menudo las formas del crucifijo se han asociado a las criptas, iglesias y capillas en el nombre de la Veracruz. Así, el edificio como *aspiración* representa el paso del tiempo desde el pasado hacia el futuro. A pesar de que no estoy segura de que podamos hacer el traspaso del diagrama de Joaquín de Fiore al plano de Santa Clara, la analogía es sugerente y atractiva por la larga asociación entre los orígenes de Sancha y el voto de pobreza de la orden franciscana.

bibliografía

Bernard, Eugène, *L'Université de Paris ou le Grand Couvent des Jacobins de la rue Saint-Jacques*, E. de Soye et Fils, París, 1883.
Bertaux, Emile, «S. Chiara de Naples: l'église et le monastère», *Mélanges archéologiques de l'École française de Rome*, VXIII (1898).
Bruzelius, Caroline, «Queen Sancia of Mallorca and the convent church of Sta. Chiara in Naples», *Memoirs of the American Academy in Rome*, vol. 40 (1995), p. 69-100.
—, «Nuns in space: strict enclosure and the architecture of the clarisses in the thirteenth century», *Clare of Assisi: a medieval and modern woman*, en *Clarefest Selected Papers*, VIII, The Franciscan

Institute, Peterson, 1996, p. 41-62.

—, *The Stones of Naples. Church building in the Angevin Kingdom (1266-1343)*, Yale University Press, Londres/New Haven, 2004, p. 133-153.

—, «Hearing is believing: clarissan architecture 1212-1340», *Gesta*, XXXI (1992), p. 83-92 (reimpreso en Constance H. BERMAN, *Medieval religion: new approaches*, Routledge, Nueva York/Londres, 2005, p. 272-289).

BRUZELIUS, Caroline / Constance H. BERMAN, «Monastic architecture for women», *Gesta*, XXXI, 1992, p. 73-75.

CAMERA, Matteo, *Annali delle Due Sicilie, dall'origine e fondazione della monarchia fino a tutto il regno dell'augusto sovrano Carlo III Borbone*, vol. II, Fibreno, Nápoles, 1860.

CODELL, Julie F., «Giotto's Peruzzi chapel frescoes: wealth, patronage and the earthly city», *Renaissance Quarterly*, vol. 41, núm. 4 (invierno de 1988), p. 583-613.

DE BLASIIS, Giuseppe, «Le case dei principi angioini nella piazza di Castelnuovo», *Archivio storico per le province napoletane*, XII (1887), p. 289-435.

DE MARCHI, Andrea / Giacomo PIRAZ, «Santa Croce. Oltre le apparenze», *Quaderni di Santa Croce*, núm. 4 (2011), Gli Ori, Florencia.

DELL'AJA, Gaudenzio, *Il restauro della basilica di S. Chiara in Napoli*, Giannini, Nápoles, 1980.

EHRLE, R., «Olivis Schrieben an die Söhne Karls II von Neapel aus dem J. 1295», *Archive für Litteratur und Kirchensgeschichte*, vol. 3 (1888).

ENDERLEIN, Lorenz, «*Die Grablegen der Anjou in Unteritalien. Studien zu Totenkult und Monumenten 1266-1343*», *Römische Studien der Bibliotheca Hertziana*, Wernersche Verlagsges, Worms, 1997.

FIELD, Sean L., *Isabelle of France. Capetian sanctity and Franciscan identity in the thirteenth century*, University of Notre Dame Press, Notre Dame (Indiana), 2006.

GAGLIONE, Mario, «La basilica e il monastero doppio di S. Chiara a Napoli in studi recenti», *Archivio per la storia delle donne*, IV (2007), p. 127-209.

—, «Sulle spese per la costruzione e la dotazione del monastero di S. Chiara in Napoli», <www.academia.edu>, Nápoles, septiembre del 2014 (edición en línea).

GALLINO, Tomasso Maria, *Il complesso monumentale di Santa Chiara di Napoli*, Pontificio Istituto Superiore di Scienze e Lettere di S. Chiara, Nápoles, 1963.

LÉONARD, Émile-G., *Les angevins de Naples*, Presses Universitaires de France, París, 1954, p. 267-269.

LUCHERINI, Vinni, «Le tombe angioine nel presbiterio di *Santa Chiara* a *Napoli* e la politica funeraria di Roberto d'Angiò», *Medioevo: i committenti. Atti del convegno internazionale di studi*, Electa, Parma/Milán, 2010/2011, p. 477-481.

MICHALSKY, Tanja, «Memoria und Repräsentation. Die Grabmäler des Königshauses Anjou in Italien», *Veröffentlichungen des Max-Planck-Instituts für Geschichte*, núm. 157 (2000).

MUSTO, Roland, «Queen Sancia of Naples (1286-1345) and the spiritual Franciscans», en Julius KIRSCHNER / Susanne F. WEMPLE (ed.), *Women of the medieval world: essays in honor of John H. Mundy*, Basil Blackwell, Oxford, 1985, p. 179-214.

RAININI, Marco, «Il ritmo della storia. L'interpretazione simbolica dell'anno liturgico nei diagrami del XII secolo», *Iconographica. Studies in the History of Images*, XIII (2014), p. 25-44.

—, «Il ritmo della storia. L'interpretazione simbolica dell'anno liturgico nei diagrami del XII secolo», *Iconographica. Studies in the History of Images*, XIII, Florencia, 2014, p. 25-44.

Traducción del inglés de Elisenda Sevilla i Altés

EL ORDEN DEL DESORDEN Y SUS ORDENAMIENTOS. *RATIO* Y VIDA ESPIRITUAL EN LOS DIAGRAMAS DE LOS VICIOS DEL SIGLO XII

Marco Rainini

1 EL TEMA

EL TEMA DE LA REPRESENTACIÓN iconográfica de los vicios y de las virtudes en la época medieval cuenta con una tradición historiográfica relativamente amplia y consolidada. Bastará aquí con recordar el estudio clásico de Adolf Katzenellenbogen, publicado por primera vez en la colección de los Estudios del Instituto Warburg en 1939, y que de hecho ha continuado siendo un punto de referencia para las aproximaciones posteriores (KATZENELLENBOGEN 1939; MÄHL 1969; O'REILLY 1988; FRAISSE 1999; BASCHET 2000a). Las propias contribuciones —mucho más numerosas— consagradas de manera más general al desarrollo de la reflexión sobre vicios y virtudes entre la Antigüedad y la Edad Media incluyen en ocasiones secciones significativas dedicadas a la iconografía (BASCHET 2000b; GELFAND 2007; BOERNER 2009). En esta aportación quisiera ocuparme de un ámbito más limitado, tanto en lo que se refiere al argumento específico como al tipo de representación tratado y, en fin, en cuanto al periodo histórico. Aquí me referiré, pues, al tema más específico de los vicios por sí solos, y en particular a sus representaciones diagramático-simbólicas fechadas en el siglo XII.

2 DIAGRAMAS Y REPRESENTACIONES DIAGRAMÁTICO-SIMBÓLICAS

Quisiera desde ahora precisar el alcance de la categoría «representaciones diagramático-simbólicas» introducida más arriba. Entre los ejemplos por considerar habrá, de hecho, diagramas (*cf.*, por ejemplo, la figura 2): se trata de un tipo de representación bien documentado en la época medieval, en especial por lo que se refiere a la ilustración de temas cosmológicos, pero que durante el siglo XII presenta un notable desarrollo, y en particular unas connotaciones teológicas cada vez más marcadas (OBRIST 1997 y 2004; BOGEN-THÜRLEMANN 2003; MEIER 1990; PAOLETTI 2011). A través de la composición de figuras geométricas, colores, líneas y didascalias que vienen a delimitar ámbitos de sentido y sugieren direcciones y vías de lectura y de interpretación, se presentan cada vez con más frecuencia temas relacionados con la historia de la salvación y sus dimensiones, con la moral y la escatología —muchas veces, justamente, tomando en préstamo y modificando diagramas que hasta entonces tenían un valor puramente cosmológico. Se trata de un fenómeno muy conocido, que la historiografía de los últimos decenios ha estudiado en profundidad (BRONDER 1972; KÜHNEL 2003).

Existen también, sin embargo, figuras que presentan un esquema de fondo de alguna manera comparable al diagrama por la utilización de modelos de base geometrizante o, en todo caso, articulados a partir de paralelismos y oposiciones, continuidad y discontinuidad, y que no obstante hacen uso, por encima de todo, de elementos simbólicos extraídos con frecuencia —aunque no siempre— de las Sagradas Escrituras, y ahora asociados y recombinados. En particular, en estas figuras juega un papel fundamental el número —o mejor dicho, el ritmo—, considerado también en su valor simbólico: se trata, una vez más, de un tema que experimenta un particular desarrollo en el siglo XII (*cf.*, por ejemplo. las figuras 1-4) (SCHMITT 1989; SCHMITT 2010; SCHMITT 2012; RAININI 2015b). En relación con estas imágenes no resulta ya posible, en mi opinión, hablar simplemente de diagramas: un papel muy significativo —yo diría fundamental— corresponde ahora a la lectura exegética en la forma de la potencialidad característica de la exégesis patrística y medieval, que reconoce más allá de la *letra* otros niveles de significado. En referencia a este carácter, la historiografía ha acuñado la expresión «exégesis visual» («visual exegesis», «exégèse visuelle»), que ha gozado de una cierta fortuna (ESMEIJER 1978; SICARD 1993; HECK 2011; WORM 2012; CORDONNIER 2012). En un sentido más amplio, es posible de todos modos observar que en estas figuras hay en juego toda una lectura simbólica que concierne no solo a las imágenes de los libros de las Sagradas Escrituras, sino también —por utilizar un paradigma de esta época— a las del libro de la naturaleza (BRINKMANN 1980; POIREL 2002).

He de precisar que por «simbólico/a» entiendo aquí la actitud de leer en la realidad visible y, por lo tanto, de representar mediante esta, las realidades invisibles, o en todo caso difíciles de percibir o de representar de cualquier otra manera, o bien —en fin— simplemente ausentes (DURAND 1968: 8). En este proceso, la realidad que se considera más plena de sentido es la realidad significada y, por lo tanto, la invisible —relativa en estos casos a la historia sagrada, a la moral y a la escatología. En estas representaciones «diagramático-simbólicas» se despliega, además, aquel carácter de composición —a otros respectos típico del «modo simbólico» *tout-court*— por el cual se reúnen objetos diversos a fin de crear uno nuevo que asuma un significado superior en virtud de los valores simbólicos presentes en sus componentes (ECO 1997: 199-254). En este sentido, la celebérrima definición de Hugo de San Víctor —«símbolo, es decir, reunión [*collatio*], y mejor aún adaptación [*coaptatio*], de formas visibles presentadas a fin de mostrar una cosa invisible»— parece, en ciertos aspectos, más apropiada para describir las composiciones «diagramático-simbólicas», que el propio Hugo conoce bien y utiliza, que para agotar la definición de «símbolo» (HUGO DE SAN VÍCTOR 2015: 447; RAININI 2011).

Estas imágenes, se trate de diagramas o de representaciones diagramático-simbólicas, tal como han sido caracterizadas aquí, son designadas por los autores del siglo XII con una serie de términos, entre los cuales los más frecuentes son «figura», «pictura», «formula», «forma»: en particular, en los dos últimos se puede advertir tal vez una cierta conciencia de la especificidad propia de esta clase de representaciones, bien distintas de las figuraciones de tipo «narrativo» habituales (RAININI 2014b: 189-200).

3 GREGORIO MAGNO: LA RELACIÓN ENTRE LOS VICIOS

El texto del cual partimos para nuestro examen pertenece a las *Moralia in Iob* de Gregorio Magno: en el libro XXXI se comenta un versículo (Job 39, 25) donde se habla de «exhortationem ducum, et ululatum exercitus» (GREGORIO MAGNO 1985: 1610-1611). De qué *duces* y de qué *exercitus* se trata, el papa lo aclara en virtud de la interpretación espiritual, y particularmente del significado moral: es el ejército de los vicios, con el cual libramos una —obsérvese bien— «invisible batalla». En este ejército, la reina es la soberbia, y los *duces* son lo que, en una precisión que resultará decisiva para los posteriores desarrollos del tema —a partir, sin embargo, de un esquema previo que se remonta a Evagrio Póntico y que encontramos más tarde en Casiano—, Gregorio denomina «principalia vitia»: se trata de los que serán transmitidos posteriormente como los siete pecados capitales (CASAGRANDE/VECCHIO 2000: 182-184 y 2015: 168-170; KNUUTTILA 2004). Con respecto al repertorio de vicios que se convertiría entonces en habitual, la «inanis gloria» sustituye ahora a la soberbia, que aparece en cambio como el octavo vicio, del cual en cierta medida dependen los otros siete. Bajo cada uno de estos siete vicios o pecados capitales —que en el discurso de Gregorio son, pues, «capitanes» más que «capitales»— militan otros que son, así, reconducibles a sus propios *duces*.

Hasta aquí la imagen militar es útil para establecer una jerarquía y, por lo tanto, una relación de dependencia. Pero en el mismo texto de las *Moralia in Iob* se realiza otro paso que resultará muy importante para la iconografía posterior: cada uno de los vicios es puesto en relación con el siguiente según un «proceso ininterrumpido de generación» (CASA-GRANDE / VECCHIO 2000: 183): «Sed unumquodque eorum tanta sibi cognatione iungitur, ut non nisi unum de altero proferatur» (GREGORIO MAGNO *Moralia in Iob*, XXXI, 45, 87, p. 1710). Así, la vanagloria es la primogénita de la soberbia, y a su vez engendra a la envidia, la cual engendra a la ira, de la que nace la tristeza, y de esta la avaricia, y después la gula, que finalmente engendra a la lujuria. A continuación, para describir la relación entre los vicios principales («duces») y los secundarios, que son reconducidos a los primeros, Gregorio Magno retoma la metáfora militar: el paso más importante, de todos modos, ya ha sido dado en la dirección de una comprensión genealógica de la relación entre los vicios, la cual no tardará en dar sus frutos —es el momento de decirlo— en la iconografía posterior.

4 LOS ÁRBOLES DEL *LIBER FLORIDUS*

La generación según la metáfora biológica, implícita en el discurso genealógico de Gregorio Magno, aparece explicitada en el motivo iconográfico del árbol de los vicios —pero también de las virtudes— en el *Liber floridus* (figuras 1-2). Se trata de una gran compilación de carácter enciclopédico, obra de Lamberto, canónigo de Saint-Omer, que reúne textos e imágenes fechados hasta el 1120 y que está documentada principalmente por el códice autógrafo conservado en la Universidad de Gante (Gante, Centrale Bibliotheek der Rijksuniversiteit, ms. 92, f. 231v-232r; *cf.* LAMBERTO DE SAINT-OMER 1968; DEROLEZ 1973; HEITZMANN/CARMASSI 2014). En dicha compilación aparece la representación de dos árboles, situados el uno frente al otro: sobre los frutos del primero, designado como *arbor bona* (*cf.* Mt 7,17), están representadas sendas figuras femeninas que simbolizan las virtudes, tal como se especifica en los *tituli* situados al lado (KATZENELLENBOGEN 1939: 65-66). A cada fruto se le asocia asimismo el nombre de una de las plantas enumeradas en el libro del Eclesiástico (24,13-17): el árbol no se identifica, así, con una única especie, sino más bien —podríamos decir— con un grupo de esquejes. En cambio, el *arbor mala* es claramente una higuera (con reminiscencias también de Mt 21,19): junto a sus frutos se halla la didascalia «ficulnea». En la raíz hay representadas dos hachas, de acuerdo con la advertencia de Mt 3,10 («El hacha ya está puesta a la raíz de los árboles, y todo árbol que no produzca buen fruto será cortado y arrojado al fuego»): un poco más arriba, encima del tronco, así como también inmediatamente antes de cada fruto, hay un círculo en el cual una larga didascalia enumera una serie de vicios.

En la raíz del árbol y, por lo tanto, de todos los vicios, se sitúa entonces la «cupiditas, id est auaritia», de la que nacen, como especifica la didascalia («inde oriuntur»), seis vicios más, a saber, «proditio, fraus, fallacia, periuria, inquietudo, uiolentia». Se trata de los mismos que, según Gregorio Magno, integran el ejército de la avaricia, con la excepción de la «contra misericordiam obdurationes cordis», que la figura del *Liber floridus* no presenta. También el orden en el que aparecen es el mismo en los dos textos. En todo caso, es posible ya desde ahora señalar una discrepancia de no poca importancia: mientras que en *Moralia in Iob* la reina de los vicios era la soberbia, ahora en la raíz se sitúa la avaricia, de acuerdo evidentemente con 1Tm 6,10 («Porque la raíz de todos los males es el afán de riquezas»). Además, las sucesivas didascalias agrupan los vicios de una manera distinta: y no podría ser de otro modo, porque el árbol del *Liber floridus* presenta doce frutos, con las correspondientes doce listas de vicios, entre las cuales son repartidos y redistribuidos los que aparecen en el catálogo de Gregorio Magno, formado por siete grupos, cada uno de los cuales está integrado por un número de entre cinco y ocho elementos.

5 LOS ÁRBOLES DE CONRADO DE HIRSAU

Una representación similar se encuentra también en el *De fructibus carnis et spiritus*, un texto que se acompaña igualmente con la imagen de los dos árboles, el de los vicios y el de las virtudes —aquí en un orden inverso respecto a lo que sucedía en el *Liber floridus* (figuras 3 y 4). Se trata de una obra que figuraba asimismo en la *Patrología latina* de Migne, donde es erróneamente atribuida a Hugo de San Víctor, y que es preciso atribuir en cambio al mismo autor del *Speculum virginum*, del *Dialogus super auctores* y de otros textos de notable ambición teológica. El autor era identificado con un monje de Hirsau oculto bajo el pseudónimo de *Peregrinus*; su verdadero nombre podría ser, sin embargo, muy probablemente Conrado —concretamente, Conrado de Hirsau (<PS.> Hugo de San Victor <SCIL. Conrado de Hirsau>, *De fructibus carnis et spiritus*, PL 176, col. 997-1010; Rainini 2014b: 22-50 y 52-53; Goggin 2004). Con relación a ello cabe señalar que la identidad de este autor ha sido largamente discutida: en cualquier caso, los testimonios transmitidos por el abad Johannes

Trithemius, que entre el final del siglo xv y principios del xvi pudo consultar bibliotecas para nosotros hoy ya irremediablemente perdidas o por lo menos dispersas, han de ser nuevamente reconsiderados (Rainini 2014b: 6-76; Arnold 1991; Schreiner 1966/67: 107-118 y 137-138 y n. 332; Schreiner 1991; Staubach 1988; Müller 2002; Mews 2001: 36, nota 14; Haarländer 2002). El autor en cuestión estaba activo durante la primera mitad del siglo xii, en particular —tal como indica un testimonio de Trithemius y se puede establecer a partir de una consideración de los textos y los manuscritos que nos lo han transmitido— «sub Conrado tertio imperatore» (Rainini 2014b: 72-76).

Al margen del *De fructibus carnis et spiritus*, los árboles de Conrado aparecen también en el *Speculum virginum* (1990: 83-113; *cf.* Goggin 2004). Ambos escritos fueron redactados durante la primera mitad de siglo: más exactamente, a partir de la tradición manuscrita y de las referencias que se han podido reunir es posible fechar el *De fructibus carnis et spiritus* probablemente no más tarde del 1133, mientras que el *Speculum virginum* fue escrito antes de 1150-1155 (Rainini 2014b: 52-53 y 57-63). En el *Speculum virginum* los árboles son reproducidos con algunas ligeras diferencias —en general, no aparecen las personificaciones de los vicios y de las virtudes (figuras 5 y 6).

El árbol de los vicios (figura 3) presenta, en este caso, la soberbia en la raíz, de donde surge un tronco en cuyo vértice se encuentra la lujuria, último vicio enumerado por Gregorio Magno en las *Moralia in Iob*. A los lados se extienden seis ramas para seis vicios más; a cada uno de estos se vinculan siete frutos —o tal vez hojas— más, excepto en el caso de la lujuria, situada en la cúspide del árbol, poco antes de la figura del «uetus Adam», que en cambio presenta doce frutos, repartidos en dos ramas. El esquema obtenido es una vez más el de Gregorio Magno, pero ahora retomado con más fidelidad respecto a lo que sucedía en el *Liber floridus*: los siete pecados capitales son ahora reproducidos en el mismo orden, y a ellos se añade la soberbia, que en Gregorio Magno era la reina pero también la «radix cuncti mali», tal como aparece precisamente en los árboles de Conrado. Los vicios secundarios, que surgen de los siete principales, son en proporción significativa los mismos que en las *Moralia in Iob*, aunque observan también vacilaciones, en algunos casos bastante notables. El texto del *De fructibus carnis et spiritus* aclara posteriormente cómo es la dependencia que se establece: los grupos de siete vicios engendrados por cada pecado capital son representados en realidad como su «comitatus…» (por ejemplo, «comitatus luxuriæ»), con una indicación que remite todavía una vez más a la metáfora militar.

Resulta oportuno subrayar la modalidad de representación propuesta en el *De fructibus carnis et spiritus*, así como en el anterior *Liber floridus*. Ante todo, es interesante el hecho de que, más allá de las figuras, en los manuscritos más antiguos la propia disposición del texto escrito aparezca organizada esquemáticamente, de forma que se nos muestren vicios, virtudes y su relación según una modalidad nada habitual —por ejemplo, se encuentran también textos dispuestos en vertical a fin de reagrupar diversos elementos (figura 7). Por lo que se refiere más concretamente a los árboles, existen elementos figurativos y decorativos que proporcionan un tono peculiar a la representación, entre los cuales se hallan las personificaciones de los vicios o del «viejo Adán». La figura principal, por otro lado, es ciertamente simbólica: las raíces, el árbol, sus ramas y los frutos nos muestran de forma visible el todo orgánico de los vicios, así como las relaciones que se establecen individualmente entre ellos, con las potencialidades de crecimiento y de disminución implícitas. A este respecto, cabe notar algunas particularidades interesantes, presentes de modo harto constante en la tradición iconográfica del *De fructibus carnis et spiritus*, hasta los manuscritos más antiguos y significativos: en el árbol de los vicios, por ejemplo, las ramas y los frutos están inclinados hacia abajo, a diferencia de lo que sucede en el árbol de las virtudes, donde aparecen vueltos hacia arriba. En fin, en este árbol los colores son más vivos, en comparación con los tonos apagados del otro (figuras 3 y 4). Se trata de aspectos remarcables también por otros medios en las imágenes del *Liber floridus*, donde la vegetación abundante del *arbor bona* no tiene equivalencia en el aspecto desnudo del *arbor mala* de los vicios, «autumnalis et infructuosa», como lo define una didascalia situada al margen.

No creo que sea necesario insistir más en el significado que estas peculiaridades quieren sugerir: es, evidentemente, operativo aquí el modo de funcionamiento simbólico, en virtud del cual las realidades no directamente percibibles por los sentidos son leídas, antes incluso que en las imágenes, en los propios objetos del mundo visible, que ontológicamente tienen (también) la función de remitir a aquellas (RAININI 2011). Se trata de un modelo de especulación con raíces escriturísticas (a partir de la referencia clásica de Rm 1,20), y que experimenta, sin embargo, en el siglo XII y sobre todo en el ámbito germánico, un florecimiento particular. En este sentido, vale la pena al menos llamar la atención sobre el papel de difusión de los escritos de Juan Escoto y de sus comentaristas, particularmente importante en el desarrollo de esta «teología simbólica» (Rainini 2014b: 364-373; Rainini, en proceso de edición; Dempf 1929: 229-268; Rauh 1979²: III-XIII y 165-178; Leichtfried 2002: 314-316; Sturlese 1990: 147-149; Wannenmacher 2007: 104-105; Hödl 1997; Engels 1984; Tagliapietra 1996: 393-406; Chenu 1986: 179-213 y 215-235).

Hay, con todo, en estas imágenes, y especialmente en la del *De fructibus carnis et spiritus*, una evidente atención al paralelismo y a la contraposición, al ritmo y al número en sí mismos. A este respecto, resulta significativo que los grupos de vicios secundarios, que en Gregorio Magno presentan un número variado de elementos, reaparecen aquí de manera absolutamente simétrica. Con relación a ello puede citarse un pasaje explicativo del propio Conrado de Hirsau, en el texto escrito del mismo *De fructibus carnis et spiritus*, en el que indica que «ya sea que juntes estas cuatro virtudes al ternario, ya que juntes las otras tres al cuaternario, el número septenario de las virtudes lleva en sí la plenitud de la gracia septiforme» con una insistencia en la relación tres-cuatro-siete característica de un simbolismo numérico que hallamos ya en las fuentes patrísticas (Agustín de Hipona 1956: 346; *cf.* Rainini 2015b: 178-182). El uso de los colores, por lo que resulta posible afirmar a partir de la comparación entre los distintos testimonios y las diversas versiones que se han reunido, responde a una exigencia de orden que tiene más que ver con la correspondencia y la organización geométrico-rítmica que con una coherencia más general de tipo estilístico-narrativo. Hay, en suma, una actitud esquemática que no resulta menos presente y significativa que la simbólica —ni que el aspecto ornamental, que de hecho es, en definitiva, secundario: lo esencial no se pierde tampoco en las representaciones menos refinadas, con tal de que árboles y frutos puedan ser identificados como tales.

En estas figuras es posible, en conclusión, observar ambos componentes, el simbólico y el diagramático, tanto uno como otro presentes y activos. Se podría más bien afirmar que esta síntesis constituye el rasgo más característico de dichas imágenes.

6 LOS VICIOS EN LA *ROTA DOMINICE ORATIONIS*

El septenario de los vicios, con la fuerza añadida y soberana de la soberbia a la cabeza y el *comitatus* de las tropas secundarias, tal como fue establecido por Gregorio Magno, se encuentra también en otra imagen que ha de ser reconducida al ambiente de la escuela de París y la elaboración de la cual ha sido fijada en los últimos años del siglo XII —más exactamente, en el breve lapso de tiempo entre 1195 y finales de siglo (*cf.* las versiones de las figuras 8 y 9) (REHM 1994: 62-106; RAININI 2015b: 167-175; RAININI 2014a: 26-31). La imagen viene, por otra parte, en un único folio, tal vez asociada a la *Genealogia Christi*, es decir, al gran diagrama en forma de árbol genealógico donde aparece compendiada la historia sagrada, desde Adán hasta la venida de Cristo, obra de Pedro de Poitiers (muerto en 1205), maestro y posteriormente canciller en París (figura 10) (MOORE 1936: 97-117; MELVILLE 1987: 68-73; PANAYOTOVA 2001; ALIDORI 2001-2002; WORM, 2012). Se trata de un diagrama circular dividido en secciones, donde hay representados cinco septenarios entre los cuales figuran las siete plegarias en las que estaba tradicionalmente dividido el padrenuestro —de aquí que aparezca designado como *Septenarium pictum*, o también *Rota dominice orationis*. Los otros cuatro septenarios corresponden a los dones del Espíritu Santo, las bienaventuranzas, las recompensas por estas señaladas en el Evangelio y, justamente, los pecados capitales. Se ha hablado en ocasiones de esta figura como de una traducción iconográfica del *De quinque septenis*, de Hugo de San Víctor (*cf.* HAMBURGUER 2013: 36-37; figuras 32-33): en realidad, si bien es posible certificar el conocimiento de la obra del Victorino por el autor de nuestro diagrama, son igualmente evidentes notorias las discrepancias (RAININI 2015b: 169-170). Sobre la base de la tradición manuscrita, de la datación y la actitud diagramática del personaje, es más bien probable que estemos frente a una imagen concebida y realizada por Pedro de Poitiers o, en todo caso, atribuible al círculo de sus discípulos (RAININI 2015b: 172-175).

El septenario situado más al exterior es efectivamente el de los vicios; más al interior tan solo se hallan las plegarias del padrenuestro e, inmediatamente a continuación, los elementos restantes. Tal como se explica también mediante una didascalia, este detalle está destinado a poner de relieve un modelo moral muy concreto, basado —podríamos decir— en la primacía de la gracia: la vía centrípeta que se nos propone va de los vicios, situados en el límite más exterior, al ruego en la plegaria, con las siete partes de la *Oratio Dominica*, gracias a las cuales se obtienen los dones del Espíritu, en virtud de los cuales se consigue a su vez la disposición moral que permite alcanzar la bienaventuranza, según afirma Mt 5. Por ejemplo, de la vanagloria, a través de la plegaria «líbranos del mal», se obtiene el Espíritu del temor [del Señor] y se llega a la *paupertas spiritu*, y así a la beatitud de aquellos de quien es el reino de los cielos: se alcanza de este modo el centro de la figura, donde está representado Cristo, imagen del Padre. El círculo así dividido se encuentra en todo caso en el interior de un marco de forma cuadrada, sobre el cual figuran dos registros de lectura, que establecen una ulterior correspondencia entre el tiempo litúrgico y la historia de la salvación. También en este caso, la posición respecto al círculo más interior podría sugerir una relación: de este modo, la progresión espiritual del alma del creyente queda inscrita en un cuadro histórico más amplio (RAININI 2014a: 30).

Este complejo programa, con la meditación teológica que propone, es plasmado con el lenguaje propio del diagrama: las líneas, las figuras geométricas y su repetición, las divisiones del espacio, los colores y las didascalias construyen una imagen respecto a la cual, por una parte, resulta posible escoger diversas opciones de lectura, y que, por otra parte, permite una visión sintética, igualmente portadora de significado. En comparación con las imágenes del *Liber floridus* y las de Conrado de Hirsau, el aspecto simbólico es aquí menos presente; o, más bien, este aspecto resulta simplemente menos evidente al no vehicularse a través de imágenes explícitas: en efecto, el tránsito del exterior al centro, y quizá también el círculo y el cuadrado, en referencia, respectivamente, a la evolución espiritual y a la histórico-salvífica, son elementos simbólicos menos manifiestos, pero tal vez también más significativos (COUSINS 1971; BRONDER 1972; DE LUBAC 1986: 169-175; ELIADE 1988).

Podemos ahora observar que, en este caso, es especialmente operativa la actitud geométrica, de búsqueda del *ordo*.

Lo era ciertamente también en las imágenes que hemos visto, y en particular en las de Conrado de Hirsau: de todos modos, las líneas desnudas de los sectores circulares y de los nódulos inscritos en ellos del diagrama de la *Rota Dominice orationis* no pueden equipararse a la lectura simbólica de las *visibilia* que en los árboles de Conrado, así como en otras figuras suyas, parece mostrar de manera plástica la actitud del «simbolismo universal» de este autor o, si se quiere —con la debida matización—, su especulación de ascendencia eurigeniana (Chydenius 1960; Rainini 2011; Rainini 2014b: 326-331; 2015b y en proceso de edición). Se trata de una distinción que conviene no tomar de forma rígida, y que en cualquier caso nos puede decir alguna cosa acerca de las diversas soluciones por lo que se refiere a la organización de estas imágenes. En este sentido, resulta significativo que en la *Rota Dominice orationis* no falte tampoco —en testimonios significativos, si bien no en todos— un mínimo aparato figurativo, con las personificaciones de los vicios y la representación de la escena más importante de la historia sagrada en el marco que le ha sido reservado, y que, a pesar de todo, en muchos testimonios estos elementos hayan sido eliminados sin perjuicio alguno para la comprensión de las imágenes. En realidad, se trata de elementos escasamente relevantes: por lo que se refiere concretamente a las personificaciones, por otra parte, ya hemos podido observar que también en la versión de los árboles de Conrado de Hirsau contenida en el *Speculum virginum* las correspondientes a los vicios eran eliminadas, mientras que se mantenían las que poseían un valor simbólico o cuando menos un valor representativo mayor, como el *vetus Adam* o la soberbia en la raíz del árbol.

Cabe notar, por otra parte, que el diagrama de Pedro de Poitiers se ajusta básicamente a los dictados de Gregorio Magno al presentar el catálogo de los vicios secundarios vinculados a los *vitia principalia*; de hecho, existe una correspondencia casi absoluta entre las enumeraciones de las *Moralia in Iob* y las que se derivan de la imagen, que se distinguen entre sí prácticamente solo por el orden en el que los vicios aparecen representados (REHM 1994: 274-280). Esto último responde sin embargo a una exigencia de alineación entre los elementos de los cinco diversos septenarios, en la que el orden viene determinado por las plegarias del *Pater noster*, que proporciona así su estructura a la imagen: en este sentido, pues, me parece apropiada la denominación de *Rota Dominice orationis*, que se hace eco del título de una estampa del siglo XVI («Dominicæ orationis et quatuor temporum declaratio clarissima», REHM 1994: 62 y 98-106).

De otro lado, para nuestro tema resulta interesante el hecho de que, incluso en una imagen tan rígidamente organizada como esta, no se detecta el ansia de riguroso sometimiento al septenario que era en cambio característica de los árboles de Conrado de Hirsau —que, por otra parte, tal como ya hemos podido ver, en el texto del *De fructibus carnis et spiritus* era justificada explícitamente. Este aspecto —que en todo caso está presente asimismo en alguna medida en la *Rota Dominice orationis*—, concierne no tan solo a la actitud simbólica, sino también a la reflexión profunda sobre el número y el ritmo, y sobre su significado en la creación, característica de Conrado y del mundo cultural de la reforma de Hirsau (LESIEUR 2009; RAININI, en proceso de edición).

7 LOS DIAGRAMAS DE GODOFREDO DE AUXERRE

No presenta, en cambio, relación directa con la organización de los vicios de Gregorio Magno una representación incluida en la *Expositio in Cantica Canticorum* de Godofredo de Auxerre (GASTALDELLI 1974, I: 164-180). Godofredo es un monje cisterciense de notable perfil intelectual, para entonces ya estudiante en la escuela de París y más tarde secretario de Bernardo de Claraval, para ser finalmente abad de Igny, Claraval, Fossanova y Hautecombe; murió en fecha posterior a 1188 (GASTALDELLI 2001: 341-621). En su comentario al Cántico hay una sección dedicada a las así denominadas «diadema affectionum atqe virtutum» y al «torques dampnatorum ex affectionibus et vitiis compacta». En dicha sección encontramos dos diagramas de una notable complejidad, también en este caso —como en la *Rota Dominice orationis*— de forma circular, y divididos en sectores y círculos concéntricos (figuras 11 y 12). Aquí, más aún que en el diagrama relacionable con Pedro de Poitiers, los textos cubren gran parte de la imagen, que resulta así de lectura difícil, no descifrable inmediatamente ni siquiera en sus rasgos principales.

Como sucede en otros escritos de Godofredo, y de modo más general en diversos autores del mismo periodo, es probable que esta sección de la *Expositio in Cantica Canticorum*, con los correspondientes diagramas, constituya originalmente una obra autónoma, integrada tan solo posteriormente en el más extenso comentario (*cf.* la situación análoga para otros autores descrita por DE FRAJA 2001; POTESTÀ 2004: 251-252). Resultan significativas, en este sentido, las frecuentes repeticiones que es posible detectar en el texto; por ejemplo, las de la parte introductoria a la *diadema* con relación a las secciones inmediatamente precedentes (por ejemplo, GASTALEDELLI 1974, II: 164 r. 10-29 *cf. ibid*, p. 154 r. 21-29 y p. 155 r. 3-26; *ibid*, p. 164-165 r. 30 y 1-12 *cf. ibid.*, p. 160-161 y r. 26-30 y r. 1-25). La propia afirmación del principio del libro III, inmediatamente después de la sección que presenta y explica los dos diagramas y según la cual «la cuestión de la diadema nos ha llevado más allá de los límites que nos habíamos impuesto», tiene todo el sabor de la *excusatio non petita* por un *excursus* de la escasa relación con la materia tratada, de lo cual el autor demuestra ser muy consciente (*ibid.*, p. 181 r. 3-4).

El planteamiento general sigue de cerca el tratamiento del tema de los vicios y las virtudes que encontramos en el *Sermo 50* de Bernardo de Claraval (BERNARDO DE CLARAVAL 1970: 270-272; *cf.* las semejanzas con las *Sententiæ* del mismo autor: III, 105-106 y 120, BERNARDO DE CLARAVAL 1972: 170-172 y 223-224): si bien el diagrama de Godofredo presenta una mayor elaboración de la cuestión, las nociones de pecado, virtud y *affectiones* consideradas son evidentemente las mismas; además, también en Bernardo, de algún modo se detecta un primer intento de poner en relación de proximidad y oposición los diversos elementos —aun cuando, conviene subrayarlo, en la figura del discípulo ello tiene lugar de forma mucho más elaborada.

El problema consiste en determinar el orden de las virtudes y de los vicios para dar lugar a lo que, en términos específicos del género literario, se puede denominar un *speculum*: de hecho, tal como el propio Godofredo afirma, es gracias a este último que podemos «ver qué le falta sobre todo a cada uno, qué hay todavía que buscar, qué purificar, qué cambiar o añadir» (GODOFREDO DE AUXERRE 1974, II: 165 r. 16-18). Todo ello, sin embargo, se nos propone a través de dos figuras que son presentadas como dos diagramas: «Por ello nos hemos esforzado en dibujar y en anotar la imagen de una corona de las pasiones y de las virtudes, y un collar [*torques*] de las pasiones de los vicios» (*ibid.*, r. 18-20). Por este pasaje, de otro lado, nos resulta posible deducir que las dos imágenes son obra del mismo Godofredo: «coronæ speciem […] et quandam quasi torquem […] pingere et annotare *curavimus*».

El autor, en fin, se muestra plenamente consciente de los rasgos típicos de la construcción diagramática: los colores y su repetición tienen un significado preciso a fin de que, por ejemplo, quede claro a qué pasión corresponde un determinado pasaje de las Escrituras; y lo mismo sucede también con las posiciones, así como con la combinación de los propios colores:

> Hemos asimismo subrayado también algunas citas de las Escrituras con líneas de diversos colores, que vayan desde cada virtud hasta las más cercanas de un lado y de otro, de modo que se vea que se refieren a las pasiones y las virtudes loables y a los vicios reprobables.

El propio aspecto de los colores, en ambos diagramas, es en realidad considerado como portador de un significado que descifrar: de hecho, las partes que aparecen en oro en el diagrama de los vicios se han de mantener «aurichalcum», que en todo caso no es otra cosa que bronce, de algún modo falsificado, «mentiendo colorem non suum» (*cf. ibid*, p. 174 r. 17-21).

En fin, es sobre todo la posición respectiva de las virtudes y de los vicios lo que estructura el diagrama y se convierte en portadora de significado. Así, para el diagrama de las virtudes:

Los elegidos desean naturalmente las cosas agradables y huyen de las desagradables. Así pues, para que no rehúyan de manera irracional estas últimas, se ha situado la virtud de la prudencia entre aquellos dos sentimientos, es decir, entre el dolor y el rechazo; de igual modo, a fin de que no deseen placeres ilícitos, entre placer y deseo se ha colocado la justicia. Y para que en ocasiones con magnanimidad deseen las cosas que causan dolor, y con moderación rehúyan las agradables, la corona ha sido dibujada de tal manera que entre deseo y dolor se halle la fortaleza, y entre el rechazo y el placer, la templanza (*ibid*, p. 167 r. 3-11).

De igual manera, para el de los vicios:

La imprudencia se ha situado entre el rechazo y el placer, para que la efusión del placer intemperante sea causada por la imprudencia; y así como el justo rechazo es el comienzo de la sabiduría, así el injusto lo es de la imprudencia (*ibid*, p. 176 r. 1-4).

En ambos casos, la relación de las diversas *affectiones*, de las virtudes y de los vicios, tiene su explicación en su proximidad real, en su sucederse y en la recíproca causalidad, tal como es definida por el autor y tal como era determinada por el propio Bernardo en el *sermo* que sirve como fuente de la representación (BERNARDO DE CLARAVALL 1970: 271-272, r. 10-25 y r. 1-21). La disposición diagramática, en definitiva, refleja la *ratio* que puede ser observada en la realidad de las pasiones, y de este modo la hace visible.

Obsérvese que, ante los mismos elementos indicados, es su diferente posición lo que constituye el factor diferenciador, desde el momento en que, según el autor,

[los condenados] tienen ellos también las mismas pasiones naturales, pero desordenadas y depravadas por el pecado, no iluminadas por la virtud (GASTALEDLLI 1974: II, p. 172 r. 7-8).

En sustancia, los cuatro sentimientos de *timor, leticia, tristicia* y *desiderium* aparecen en los dos diagramas, tanto en el de los vicios como en el de las virtudes; es la disposición, sin embargo, lo que cambia: a la oposición *tristicia-leticia* y *desiderium-timor* del diagrama de las virtudes, hay contrariamente en el de los vicios una confusión en virtud de la cual ahora encontramos, por un lado, la oposición *tristicia-timor* y *leticia-desiderium* y, por otro lado, la relación *leticia-tristicia* y *desiderium-timor*. Se hace evidente así un desorden que simboliza el desorden interior de los *pervers*. Una situación peligrosa, tal como es explicado en la parte del texto escrito:

> Hasta que [los condenados] querrán elevarse inmediatamente del dolor al goce sin dejar espacio al deseo y a la espera, de la propia felicidad recaerán en la pena, inmediatamente después en el temor, y vendrá así aquella súbita aflicción que no ha sido precedida por el temor (*ibid*, p. 175 r. 8-12).

El autor se nos muestra, en definitiva, plenamente consciente de la potencia de la representación diagramática, en la cual la posición recíproca de los elementos, pero asimismo los colores, las didascalias y las formas geométricas son portadores de significado. Se trata, por tanto, de una manera más clara y directa de exponer conceptos de gran complejidad:

> Tememos, pues, cometer un error al presentar una síntesis de lo que apenas unos pocos serían capaces de tratar de forma más prolija y de explicar de modo más competente. Por ello consideramos conveniente no tanto alargarnos en la explicación, sino más bien mediante un dibujo [*pictura quadam*] poner ante los ojos lo explicado, para el caso que interese más la verdad a los estudiosos que a los curiosos la novedad (*ibid*., p. 173-174 r.-30-31 y r. 1-4).

CONSTRUYENDO LA CLAUSURA. REFLEXIONES SOBRE SANTA CLARA DE NÁPOLES, *por Caroline Bruzelius*

1   Santa Clara, vista del convento (BRUZELIUS).

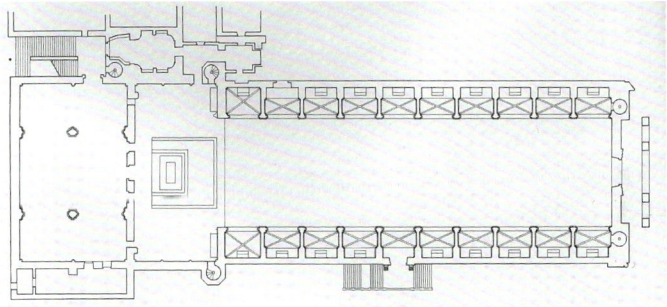

2   Santa Clara, plano del convento (BRUZELIUS).

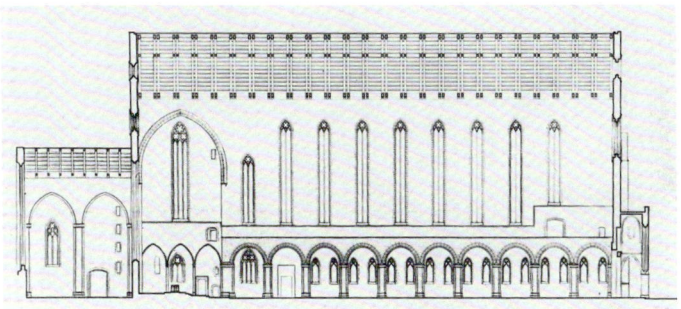

3   Santa Clara, sección longitudinal (GALLINO 1983: 65).

4   Santa Clara, vista del coro antes de la Segunda Guerra Mundial (DELL'AJA 1980: 169).

5   Santa Clara, vista del coro después de la Segunda Guerra Mundial
    (BRUZELIUS 2004).

6 Santa Clara, vista de la nave después de la Segunda
   Guerra Mundial (BRUZELIUS 2004).

7 Santa Clara, restauración de la zona del presbiterio con las tres crujías destruidas
   (DELL'AJA 1980: 65).

8 Santa Clara, sección transversal de la nave (Gallino 1963: 670).

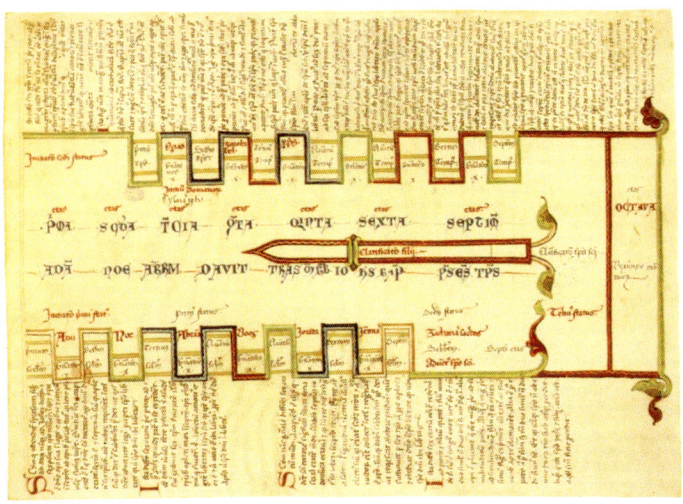

9 Diagrama del *Liber figurarum*, de Joaquín de Fiore (Reggio Emilia, Biblioteca del Seminario Vescovile).

EL ORDEN DEL DESORDEN Y SUS ORDENAMIENTOS.
RATIO Y VIDA ESPIRITUAL EN LOS DIAGRAMAS DE LOS VICIOS DEL SIGLO XII, *por Marco Rainini*

1 Lamberto de Saint-Omer, «*Liber floridus*, albero delle virtù», Gante, Centrale Bibliotheek der Rijksuniversiteit, ms. 92, f. 231v (s. XII).

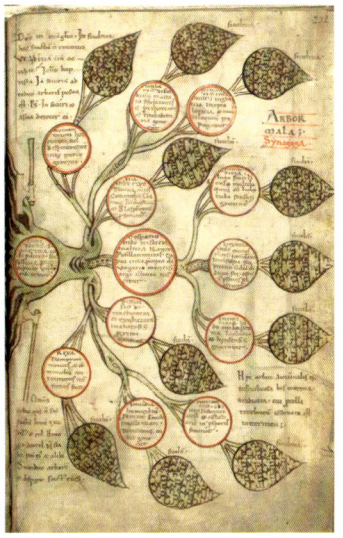

2 Lamberto de Saint-Omer, «*Liber floridus*, albero dei vizi», Gante, Centrale Bibliotheek der Rijksuniversiteit, ms. 92, f. 232r (s. XII).

3 Conrado de Hirsau, *De fructibus carnis et spiritus*, árbol de los vicios, Salzburgo, Universitätsbibliothek, M I 32, f. 75v (s. XII).

4 Conrado de Hirsau, «*De fructibus carnis et spiritus*, árbol de las virtudes, Salzburgo, Universitätsbibliothek, M I 32, f. 76r (s. XII).

5 Conrado de Hirsau, «*Speculum virginum*», árbol de los vicios, Londres, British Library, ms. Arundel 44, f. 28v (s. xii).

6 Conrado de Hirsau, «*Speculum virginum*», árbol de las virtudes, Londres, British Library, ms. Arundel 44, f. 29r (s. xii).

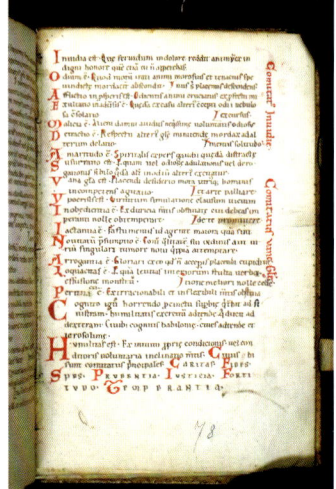

7 Conrado de Hirsau, «*De fructibus carnis et spiritus*», Salzburgo, Universitätsbibliothek, M I 32, f. 78r (s. xii).

8 «*Rota Dominice orationis*», Oxford, Bodleian Library, Ms. Lyell 84 (folio simple, s. XII).

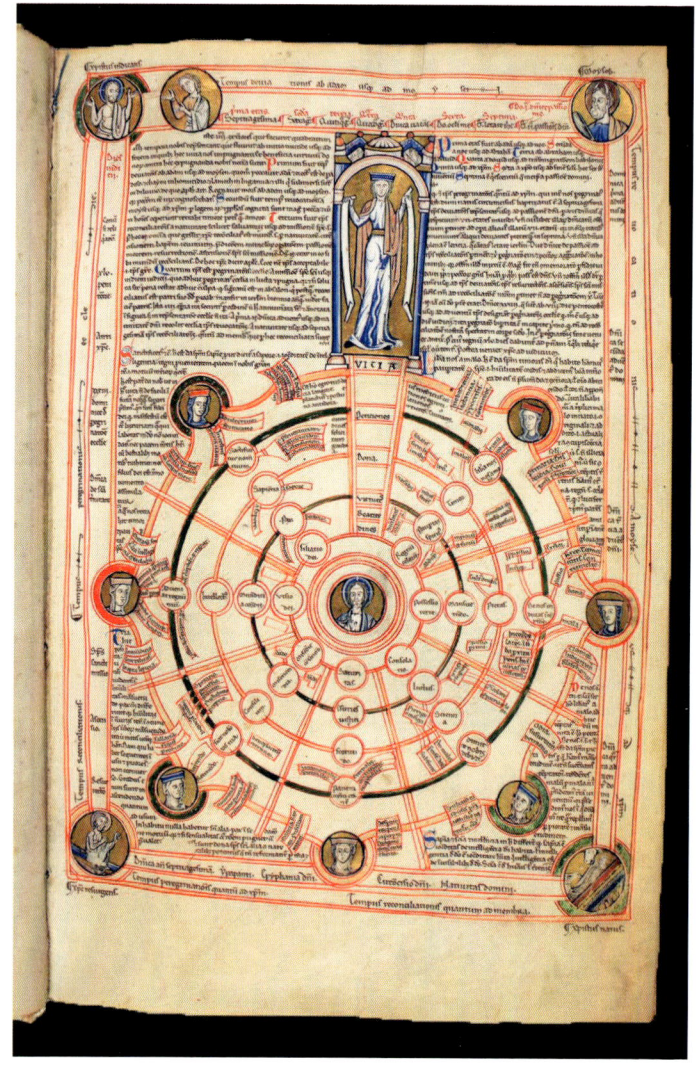

9 *Rota Dominice orationis*, Nápoles, Biblioteca Nazionale, ms. VIII C 3, f. 6r (*c*. 1200).

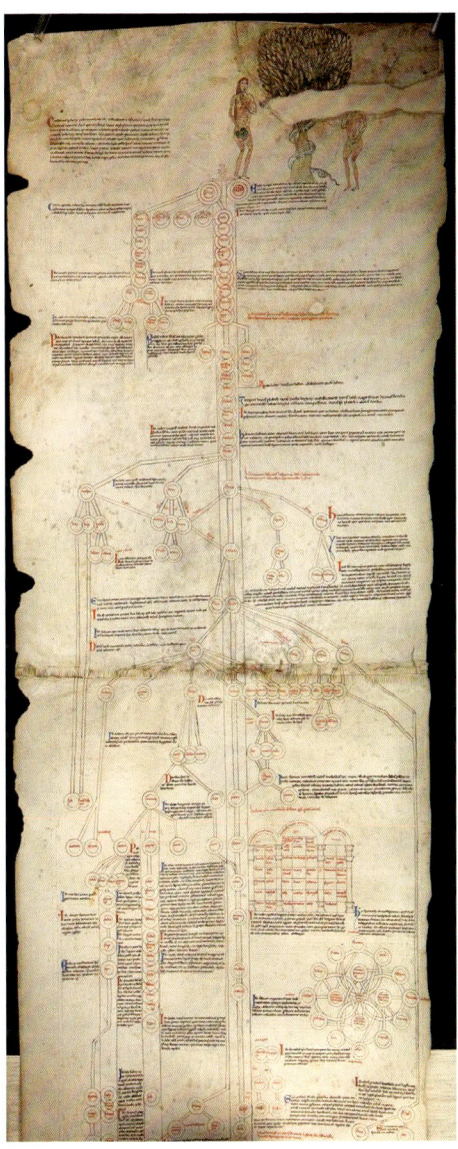

10 Pedro de Poitiers, «*Genealogia Christi*», Vercelli, Biblioteca capitolare, sin signatura (rótulo, s. xiii).

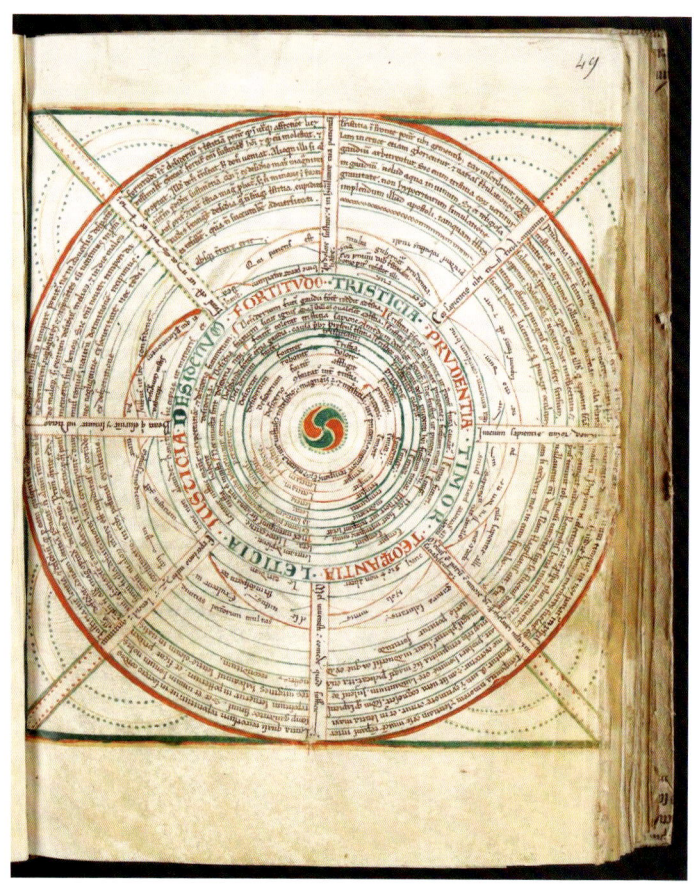

11 Godofredo de Auxerre, «*Expositio in Cantica canticorum, corona virtutum*», Troyes, Bibliothèque Municipale, ms. 1087, f. 49r (s. xii).

12 Godofredo de Auxerre, «*Expositio in Cantica canticorum, toques vitiorum*», Troyes, Bibliothèque Municipale, ms. 1087, f. 51r (s. XII).

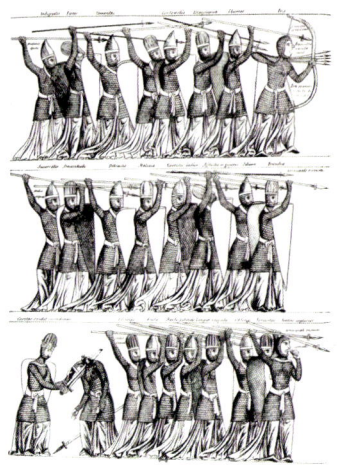

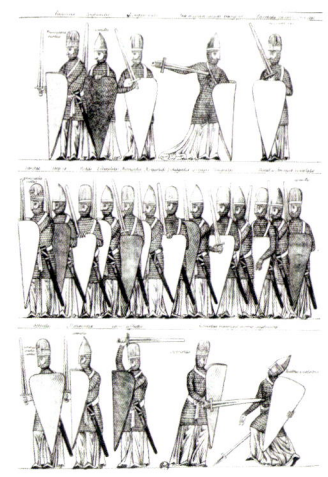

13 Herrada de Landsberg, «*Hortus deliciarum*», f. 200v (Rosalie B. Green *et al.* (ed.), I, Londres-Leiden, 1979, Pl. 112).

14 Herrada de Landsberg, «*Hortus deliciarum*», f. 200r (Rosalie B. Green *et al.* (ed.), I, Londres-Leiden, 1979, Pl. 112).

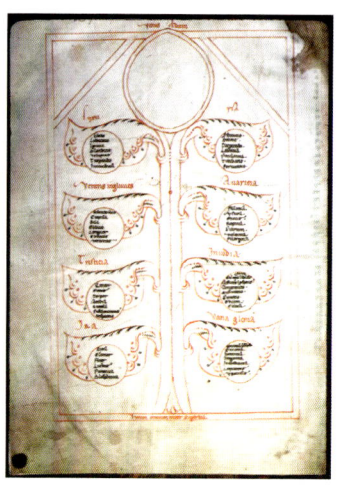

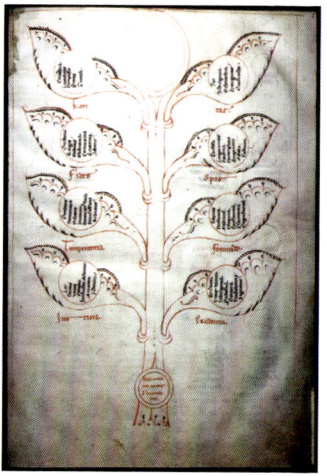

15 «Albero dei vizi», Lyon, Bibliothèque municipale, ms. 445, f. 1v (s. xiii).

16 «Albero dei virtù», Lyon, Bibliothèque municipale, ms. 445, f. 8r (s. xiii).

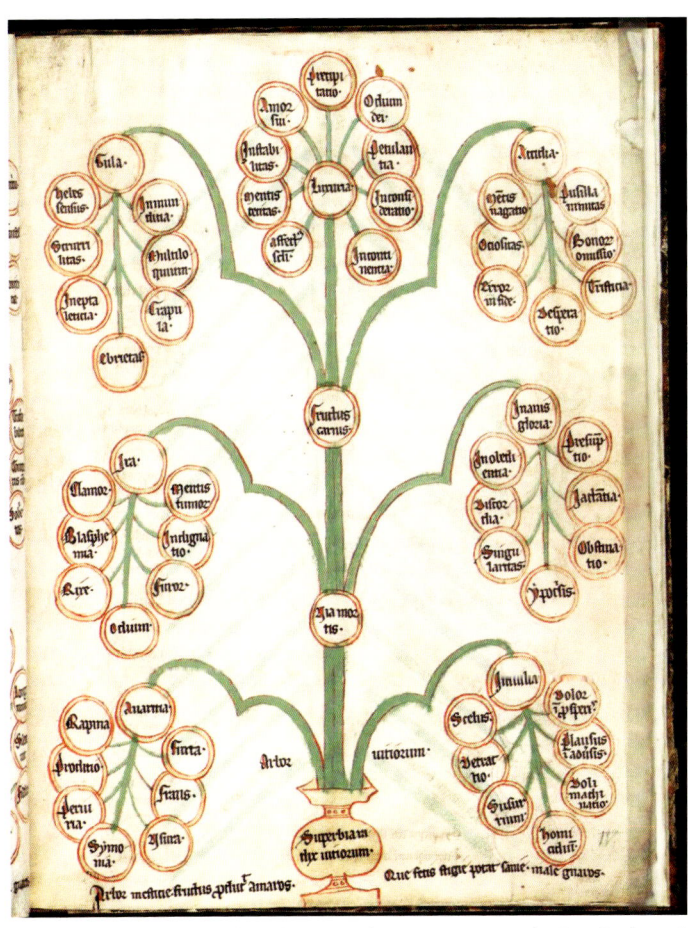

17 «*Speculum Theologiae*, albero dei vizi», Yale University, Beinecke Rare Books and Manuscript Library, ms. 416, f. 4v (s. XIII-XIV).

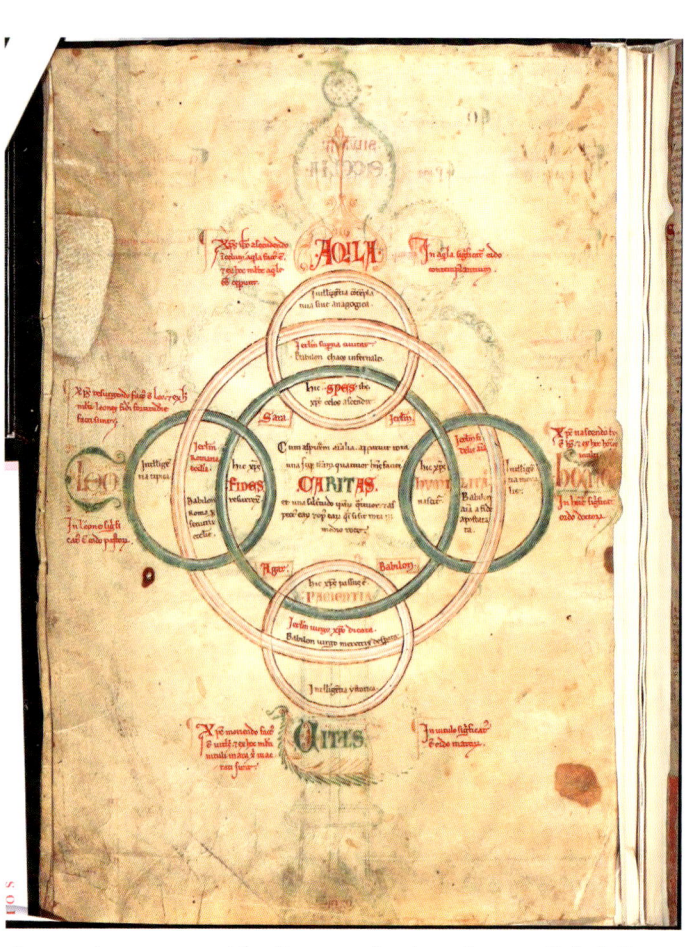

18 JOAQUÍN DE FIORE, «*Liber Figurarum, Rota in medio rotae*», Oxford, Corpus Christi College, ms. 255 A, f. 16v (s. XIII).

EL MONASTERIO HERMÉTICO. ALQUIMIA Y SECRETO A FINALES DEL SIGLO XVI, *por María Tausiet*

1 Roger Bacon, como prototipo del monje alquimista, en Michael MAIER, *Atalanta Fugiens* (*La fuga de Atalanta*), 1617.

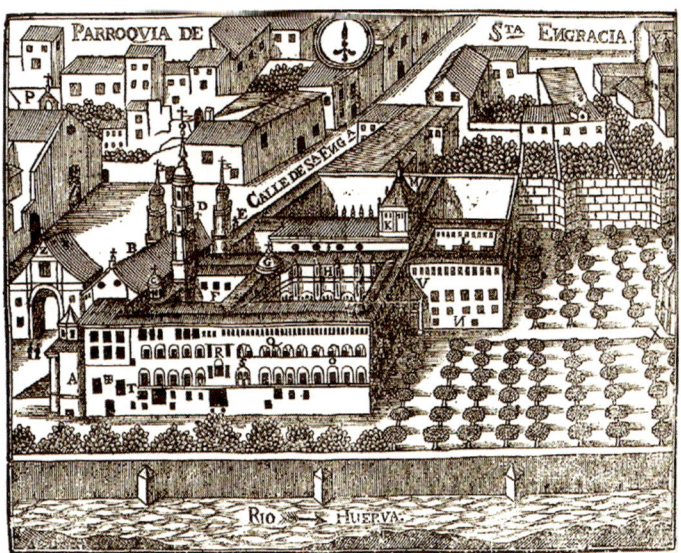

2 El monasterio de Santa Engracia de Zaragoza, 1737.

3 El monasterio de Santa Engracia de Zaragoza, 1806.

4 El monasterio de Santa Engracia de Zaragoza, 1842.

Ciertamente, en el texto escrito que acompaña a los diagramas, Godofredo juega en diversas ocasiones más con la definición que ha dado de ellos —la «corona» de las virtudes y el «collar» de los vicios. En particular, cuando pasa de la presentación de la *diadema* a la del *torques*, el autor expresa de manera muy clara esta oposición:

> Así como todos los elegidos [...] reciben del Santo de los santos y Rey de reyes la corona de oro de la fe, decorada con las piedras preciosas de las pasiones y las virtudes, dignamente colocadas y delicadamente engarzadas, así los condenados son cargados con una pesada cadena y atados con cuerdas, con grilletes y con un doloroso collar. Para ellos, al sobrevenir los pecados a sus pasiones, todo se vuelve férreo; y es así como son arrastrados con violencia, cruelmente encadenados, atados hasta la muerte, reducidos por toda la eternidad (*ibid*., p. 174 r. 7-15; *cf.* también p. 166 r. 2-9 y 172 r. 5-7).

Estamos aquí en presencia de elementos de algún modo simbólicos —la «cadena», el «hierro»—; en todo caso, se trata de temas que encuentran su lugar en las explicaciones del texto escrito, y no en la figura que, al contrario, me parece dar testimonio concluyente de las formas esquemáticas del puro diagrama. Si bien en un momento del escrito algunos elementos de la imagen son caracterizados como *flores* y *catenule*, en realidad dicha imagen no hace ninguna concesión a la representación figurativa, presentando al contrario una figura abstracta y esquemática (*ibid.*, p. 166 y r. 2-9). De acuerdo con la distinción que he tratado de establecer anteriormente, estamos, en definitiva, frente a un diagrama puro y no una representación diagramático-simbólica.

Más que sugerir bajo el velo de la semejanza, el método de Godofredo de Auxerre está orientado aquí a determinar la *ratio* y el *ordo*, y a representarlos después en la organización del diagrama, que posee la capacidad de hacerlos visibles y presentarlos de manera sintética —«non tam prosecutionibus dilatare, quam pictura quadam velut sub oculis ponere quæ dicuntur» (*ibid.*, p. 174 r. 2-3). Por otra parte, que este es precisamente el objetivo del cisterciense lo muestra claramente todo cuanto afirma en relación con el esfuerzo cumplido con la representación de los vicios:

> De este modo se podrían decir aún muchas cosas respecto a estos [vicios], pero tal vez podría parecer ridículo buscar en la confusión el orden y en la perversidad la racionalidad y la coherencia (*ibid.*, p. 179 r. 24-26).

En el reverso de esta afirmación queda bien definido el intento del autor: es útil al bien y a la virtud intentar presentar la concatenación y las causas de la vía contraria, tratar de hallar en ella un orden, para poner de manifiesto «quid purgandum, quid mutandum» (*ibid.*, p. 165 r. 17-18), a fin de evitar adentrarse incautamente en sus perversos e intricados caminos; pero *ratio* y *ordo* son en sí mismos blasones del bien y de la virtud, y sería inútil buscar su clara huella en el desorden del mal, que —acaso podríamos decir, con un razonamiento posterior en unas cuantas décadas, si bien equiparable genéticamente con esta concepción— no es sino su privación.

8 LA INFLUENCIA POSTERIOR DE CONRADO DE HIRSAU

Una representación con frecuencia invocada en los estudios sobre la iconografía medieval de los vicios y de las virtudes es la que se halla en el *Hortus deliciarum* de Herrada de Hohenburg. Se trata de una imagen entre las muchas recogidas en la obra enciclopédica elaborada en el monasterio agustino de Hohenburg en el último cuarto del siglo XII, que se presentaba como una compilación de textos, así como de una gran cantidad de imágenes (CAMES 1971; GRIFFITHS 2007). Como es bien sabido, el testimonio manuscrito de este compendio, conservado en la biblioteca de Estrasburgo, fue destruido en 1870, en el curso de la guerra francoprusiana, y hoy tan solo disponemos de reproducciones (HERRADA DE LANDSBERG 1979).

Entre otras, nos ha llegado una representación de los vicios y de las virtudes, que aquí aparecen personificados como guerreros dispuestos en formación tras su comandante (figuras 13 y 14). La imagen nos remite, evidentemente, al tema desarrollado por Prudencio en la *Psychomachia*. Se trata de una figura que no puede ser considerada entre las de carácter diagramático, y tal vez ni tan solo entre las diagramático-simbólicas —se caracteriza por un notable sentido del ritmo y presenta elementos ciertamente simbólicos, pero ahora parece predominar el carácter de «ficción narrativa». Con todo, estas imágenes permiten algunas reflexiones ulteriores en relación con los textos y autores considerados anteriormente.

Las imágenes ocupan diversos folios (HERRADA DE LANDSBERG 1979: I, Pll. 109-120, p. 225-336, n. 255-287; *cf.* las transcripciones *ibid.*, II, p. 189-197): en particular, en algunas de estas imágenes las personificaciones son distribuidas en tres niveles, formando varias escuadras de soldados-vicios/virtudes a las órdenes de un *dux*. En folios opuestos, son así confrontadas en cada uno de los niveles las escuadras lideradas por el vicio y la virtud contrarios. Por ejemplo, la Vanagloria, acompañada por *Ypocrisis, Inobediencia, Jactancia, Novitatum presumpcio, Arrogancia, Loquacitas, Pertinacia*, se contrapone a la *Prudentia*, acompañada a su vez por *Timor domini, Consilium, Memoria, Intelligentia, Providentia, Deliberatio, Ratio* (*ibid.*, I, Pll. 114-115, p. 330-331, n. 270 y 273 *cf.* la transcrip. *ibid.*, II, p. 192). Esta disposición revela ante todo la fuente por lo menos remota de la representación: se trata aún de la sección ya considerada de las *Moralia in Iob* de Gregorio Magno. En el texto de Gregorio, efectivamente, no solo la secuencia de los vicios unidos a la *inanis gloria* es muy parecida, sino que es ante todo el marco militar en el que estos vicios son presentados lo que permite relacionar entre sí las dos obras: los *uitia* que «militant» en primer lugar bajo la soberbia, y muy en particular los *uitia principalia* que son representados *quasi quosdam duces*, liderando a los otros que constituyen su *exercitus*.

Tal como se ha remarcado otras veces (KATZENELLEN-BOGEN 1939: 10; GRIFFITHS 2007: 198-201), en todo caso, en la representación de Herrada de Hohenburg desempeña un importante papel la mediación del *De fructibus carnis et spiritus* de Conrado de Hirsau, o tal vez la revisión de los mismos temas en el texto y sobre todo en las imágenes del *Speculum virginum* de este mismo autor (*Speculum virginum* 1990, III-IV: 83-113 y figura 5; y transcripción de las didascalias: *ibid.*, p. 135*-136*). Es en esta obra, sobre todo, donde los vicios y virtudes aparecen contrapuestos de la manera sistemática que reencontraremos en el *Hortus deliciarum*. Las propias representaciones crueles de las virtudes dando muerte a los vicios en la obra de Herrado parecen hacerse eco de imágenes muy parecidas presentes en el propio diálogo sobre las vírgenes consagradas de Conrado, y también del *Dialogus de cruce* de este mismo autor (*Speculum virginum* 1990, figuras 6 y 12, y RAININI 2014b, figura 2). Se trata de una prueba importante de la difusión e influencia de la obra del monje de Hirsau, a los pocos años de su muerte —que debió de acaecer no mucho más tarde de la mitad del siglo. Hohenburg, por otra parte, está situado a una veintena de kilómetros de Regensburgo, lugar donde la recepción de la obra de Conrado está bien documentada (RAININI, en proceso de edición).

Hasta aquí, en todo caso, nos movemos en un ambiente monástico-femenino, más evidente para la obra del autor del *Speculum virginis* (MEWS 2000; MEWS 2013; RAININI 2015a). Resulta entonces interesante que propiamente los árboles de los vicios y de las virtudes remitan, en algunos testimonios, simultáneamente al diagrama de la *Genealogia Christi* de Pedro de Poitiers, a cuya tradición —como ya hemos podido comprobar— se asocia también la *Rota Dominice orationis* (figuras 15 y 16; FINGERNAGEL 1993/1994: 173-185 y 409-412). Por sí mismo, esto no tendría que sorprendernos a la luz de la que parece ser una constante en la tradición de los diagramas medievales, a saber, el hecho de que una cierta concentración de estas imágenes actúa casi como un catalizador, por la fuerza del cual otros diagramas se le unen sin ningún motivo excepto el de pertenecer al mismo género de representaciones. Lo que me parece significativo, sin embargo, es la aproximación y, en último término, la transmisión a través de un canal común de obras surgidas en mundos tan distantes entre sí, o incluso en conflicto: las imágenes de Conrado constituyen, en efecto, una manifestación típica del ambiente monástico, y las de Pedro de Poitiers —o, en todo caso, relacionables con él— son, en cambio, un producto eminente del ambiente escolástico de París, donde Pedro fue asimismo canciller (RAININI 2015b: 175-182 y 2014b: 37-38).

Es digno de ser notado, además, que los árboles de los vicios y de las virtudes tal como se hallan en Conrado, apenas con alguna modificación posterior que no puede ocultar en ningún caso su fuente, aparecen también en la compilación conocida como *Speculum theologiæ*, elaborada con toda probabilidad poco después de la mitad del siglo XIII por un fraile —no está claro si un predicador o un fraile menor— probablemente en un ambiente parisino o, en cualquier caso, escolástico (figura 17; FREEMAN SANDLER 1983; SAXL 1942; SCHMITT 1989).

CONCLUSIÓN

En realidad, las imágenes que hemos considerado por su organización, por sus fuentes y, en definitiva, al menos en parte, también por su transmisión, me parece que no justifican una división demasiado rígida entre actitudes monásticas y actitudes escolásticas. El trasfondo común de las representaciones de Conrado de Hirsau y Pedro de Poitiers es la organización de los vicios descrita en el libro XXXI de las *Moralia in Iob* de Gregorio Magno. Ciertamente, las imágenes de Conrado de Hirsau muestran una notable densidad simbólica; por el contrario, la *Rota Dominices orationis*, elaborada en un ambiente parisino, se nos muestra más esquemática y responde de manera más precisa a las características del puro diagrama. En este sentido, de todos modos, parecen aún más esquemáticas las imágenes de Godofredo de Auxerre, que corresponden de forma esencial a la modalidad de representación diagramática. Conviene subrayar aquí que nos hallamos frente a un monje cisterciense, secretario de Bernardo; es decir, del gran adversario del *scholasticus* por antonomasia, Pedro Abelardo. El propio Bernardo, por otra parte, y en particular su *Sermo 50*, constituye la fuente del texto de Godofredo, que en este sentido se aleja de las otras representaciones aquí consideradas.

Además, como a menudo se olvida, las imágenes de Conrado se transmiten unidas al diagrama de la *Genealogia Christi*, del canciller de París Pedro de Poitiers, y hemos de pensar que conocen una cierta circulación en las escuelas, si son incorporadas al posterior *Speculum theologiae*. En este sentido, es interesante constatar asimismo que el único diagrama de Joaquín de Fiore donde aparece un tema de algún modo relacionado —en este caso, el de las virtudes— es igualmente esquemático y desprovisto de elementos figurativos. Como es sabido, el abad calabrés representa un caso especialmente significativo por lo que se refiere a la elaboración de imágenes diagramáticas y diagramático-simbólicas (REEVES/HIRSCH-REICH 1972; PATSCHOVSKY 2003; RAININI 2006; GHISALBERTI 2009). En particular, entre las imágenes reunidas en su *Liber Figurarum* hay algunas en que los rasgos geométricos dejan poco espacio a elementos figurativos: entre estas, el diagrama que representa la «rota in medio rotæ» de la visión en el libro de Ezequiel (Ez 1) en la cual, al amparo de una tradición patrística y más tarde medieval que interpreta estas imágenes por cuaternarios, el abad calabrés sitúa también las virtudes teologales, aquí asociadas a «paciencia» y «humilitas» (figura 18). También en este caso estamos frente a una mera composición diagramática, sin ningún elemento figurativo añadido (Rainini 2006: 145-178).

En definitiva, por un lado, me parece que, una vez más, no resulta posible construir un modelo con divisiones estancas por lo que se refiere a las relaciones entre el mundo monástico y el mundo escolástico. Por otro lado, la necesidad de acceder al contenido de la *scientia secularis*, característica de las escuelas urbanas, es subrayada en el propio *De fructibus carnis et spiritus* de Conrado de Hirsau:

> Estos siete pecados capitales, para decirlo según la ciencia secular, pueden ser denominados en un cierto sentido géneros subalternos, como especie de lo que es superior, o sea, de la soberbia de la cual proceden, y pueden también ser denominados géneros respecto a los inferiores, es decir, respecto a los vicios que provienen de ellos mismos (ms. Salzburg, Universitätsbibliothek, M I 32, f. 76v).

Conrado de Hirsau parte de la especulación de la *secularis scientia*, a la que, por otro lado, no ahorra críticas, pero de la cual —tal como hace con frecuencia— toma prestadas las categorías, afirmando honestamente su necesidad y su claridad (Rainini 2014b: 343-357). Los *principalia uitia* le aparecen ahora, de acuerdo con una distinción lógica clásica, como especies de la soberbia, que es su raíz, y como géneros de los que son sus *comitatus*. El hecho de que aparezcan representados bajo un árbol, en particular, nos remite inmediatamente al «árbol de Porfirio», esto es, a la representación diagramática, muy difundida hasta la edad media, que ejemplifica el tema de los géneros y las especies, y que retoma la reflexión del filósofo (que en todo caso no es el autor de la figura, *cf*. DE LIBERA 1999: 37-42; VERBOON 2014). El mundo de las escuelas urbanas y catedralicias y el de las monásticas, en definitiva, nos aparecen —también gracias a estas *picture*— mucho menos alejados entre sí de lo que se nos han presentado con frecuencia.

Más precisamente, creo que cabe identificar en todos estos autores un rasgo común, característico de la época en que viven, y que parece impregnar —si bien de un modo distinto— su especulación. Los árboles de los vicios y de las virtudes, al igual que las *rote* divididas y estructuradas en secciones, ponen de manifiesto una búsqueda de orden, y todavía más, incluso en el aspecto genético-causal que los distingue, de una *ratio*, y sucesivamente el intento de representar el uno y la otra mediante una imagen. En todo ello, un rasgo fundamental lo constituye el número y particularmente el ritmo, considerado como un elemento que nos permite reconocer el orden de la creación (RAININI 2015b: 178-182; 2014b: 37-38; en proceso de edición). Es lo que podemos percibir en el esfuerzo de racionalización simbólica que apunta en las obras de Conrado de Hirsau, y que se trasluce en el propio texto del *De fructibus carnis et spiritus*:

> Ya sea, pues, que juntes estas cuatro virtudes al ternario de las otras, o bien que juntes las otras tres a estas cuatro, este número septenario de las virtudes confiere la plenitud de la gracia septiforme a los que las ejercitan (ms. Salzburg, Universitätsbibliothek, M I 32, 80r).

Es, por otro lado, lo que hemos visto afirmar a Godofredo de Auxerre en su reflexión en negativo sobre el desorden estructural, ontológico, del organismo de los vicios:

> De este modo, se podrían decir todavía muchas cosas respecto a estos [vicios], pero tal vez podría parecer ridículo buscar en la confusión el orden y en la perversidad la racionalidad y la coherencia (*ibid.*, p. 179 r. 24-26).

Una vez más, merece la pena subrayar que se trata de un rasgo común al mundo monástico y a las escuelas urbanas. Es precisamente el que tradicionalmente es considerado como el gran campeón de las escuelas, así como adversario de los viejos teólogos, quien nos lo muestra; así se explica, en efecto, Pedro Abelardo en la *Theologia scholarium*, a propósito de un momento del *De doctrina christiana* de Agustín:

> El propio Agustín, en el libro segundo de la *Instrucción cristiana*, afirma que, entre todas las artes, sobre todo la dialéctica y la aritmética son necesarias a [el estudio de] la Sagrada Escritura, la primera para resolver las cuestiones, la segunda para revelar los misterios de las alegorías que indagamos con frecuencia en la naturaleza de los números (II, 19; PEDRO ABELARDO 1987: 415).

Ordo, *ratio*, número y ritmo: he aquí el lenguaje de estos monjes y escolásticos, que, más allá de las declaraciones de principios y de las discrepancias a veces dramáticas que los enfrentan entre sí, parecen compartir una tensión a la búsqueda de la *ratio* y del *ordo* que encuentra en el diagrama y el símbolo un lenguaje distinto, pero en modo alguno divergente ni excluyente con respecto a la *scientia secularis*.

BIBLIOGRAFÍA

ALIDORI, Laura, «Il Plut. 20.56 della Laurenziana. Appunti sull'iconografia dei manoscritti della Genealogia di Petrus Pictaviensis», *Rivista di Storia della Miniatura*, núm. 6-7 (2001-2002), p. 157-170.

ARNOLD, Klaus, *Johannes Trithemius (1462-1516)*, Ferdinand Schöningh, Würzburg, 1991².

AGUSTÍN DE HIPONA, *Quæstiones in Heptateuchum*, editado por Zycha Iosephus, *CSEL* 28/III, 1890.

—, *Enarrationes in Psalmos*, editado por Eligius Dekkers y Johannes Fraipont, *CCSL* 38, Brepols, Turnhout, 1956.

BASCHET, Jérôme, «I peccati capitali e le loro punizioni nell'iconografia medievale», en Carla CASAGRANDE / Silvana VECCHIO, *I sette vizi capitali. Storia dei peccati nel Medioevo*, Einaudi, Turín, 2000a, p. 225-26.

—, «Vizi e virtù», en *Enciclopedia dell'arte medievale*, vol. XI, Istituto della Enciclopedia italiana, Roma, 2000b, p. 729-737.

BERNARDO DE CLARAVAL, *Sermo L: De affectionibus recte ordinandi*, editado por Jean Leclercq y Henri-Maria Rochais, Sancti Bernardi Opera VI/1, Roma, 1970, p. 270-272.

—, *Sententiæ*, editado por Jean Leclercq y Henri-Maria Rochais, Sancti Bernardi Opera VI/2, Ediciones Cistercienses, Roma, 1972, p. 7-255.

BOERNER, Bruno, «Lasterdarstellungen in der mittelalterlichen Monumentalkunst Frankreichs», en Christoph FLÜELER / Martin ROHDE (ed.), *Laster im Mittelalter – Vices in the Middle Ages*, Berlín / Nueva York, 2009, p. 65-103.

BOGEN, Steffen / Felix THÜRLEMANN, «Jenseits der Opposition von Text und Bild. Überlegungen zu einer Theorie des Diagramms und des Diagrammatischen», en Alexander PATSCHOVSKY (ed.), *Die Bildwelt der Diagramme Joachims von Fiore. Zur Medialität religiös-politischer Programme im Mittelalter*, Jan Thorbecke Verlag, Ostfildern, 2003, p. 1-22.

BRINKMANN, Hennig, *Mittelalterliche Hermeneutik*, De Gruyter, Darmstadt, 1980.

BRONDER, Barbara, «Das Bild der Schöpfung und Neueschöpfung der Welt als orbis quadratus», *Frühmittelalterlichen Studien*, núm. 6 (1972), p. 188-210.

CAMES, Gérard, *Allégories et symboles dans l'Hortus deliciarum*, Brill, Leiden, 1971.

CASAGRANDE, Carla / Silvana VECCHIO, *Passioni dell'anima. Teorie e usi degli affetti nella cultura medievale*, SISMEL - Edizioni del Galluzzo, Florencia, 2015.

CHENU, Marie Dominique, *La teologia nel XII secolo*, Jaca Book, Milán, 1986.

CHYDENIUS, Johan, *The Theory of Medieval Symbolism*, Societas Scientiarum Fennica, Helsinki, 1960.

CORDONNIER, Rémy, «Dematérialisation? Rationalisation? Réflexion sur la représentation des animaux et autres créatures dans l'exégèse visuelle au Moyen Âge», en Stephanie D. DAUSSY et al. (ed.), *Matérialité et immatérialité dans l'Église au Moyen Âge, Actes du colloque international de Bucarest, 23-24 octobre 2010*, Universidad de Bucarest, Bucarest, 2012, p. 73-84.

COUSINS, Ewert H., «Mandala Symbolism in the Theology of Bonaventure», *University of Toronto quarterly*, núm. 40 (1971), p. 185-201.

DE FRAJA, Valeria, «Percorso storico e significato del monachesimo benedettino nell'"Expositio vite et regule beati Benedicti" di Gioacchino da Fiore», *Cristianesimo nella Storia*, núm. 22 (2001), p. 381-435.

DE LIBERA, Alain, *Il problema degli universali da Platone alla fine del Medioevo*, La Nuova Italia, Florencia, 1999.

DE LUBAC, Henri, *Esegesi medievale. I quattro sensi della Scrittura*, Jaca Book, Milán, 1986-2006.

DEMPF, Alois, *Sacrum Imperium. Geschichts- und Staatsphilosophie des Mittelalters und der politischen Renaissance*, R. Oldenbourg, Múnich / Berlín, 1929.

DEROLEZ, Albert (ed.), *Liber Floridus Colloquium. Papers read at the international meeting held at the University Library Ghent on 3-5 September 1967*, E. Story-Scientia, Gante, 1973.

DURAND, Gilbert, *L'imagination symbolique*, Presses Universitaires de France, París, 1968.

Eco, Umberto, *Semiotica e filosofia del linguaggio*, Biblioteca Einaudi, Turín, 1997.

Eliade, Mircea, *Immagini e simboli. Saggi sul simbolismo magico-religioso*, Jaca Book, Milán, 1988.

Engels, Odilo, «Geschichte, Geschichtschreibung, Geschichtsphilosophie: VI. Von Augustin bis zum Humanismus», *Theologische Realenzyklopädie*, vol. XII, De Gruyter, Berlín / Nueva York, 1984, p. 565-630.

Esmeijer, Anna C., *«Divina quaternitas». A Preliminary Study in the Method and Application of Visual Exegesis*, Gorcum, Assen / Ámsterdam, 1978.

Fingernagel, Andreas, «"De fructibus carnis et spiritus": der Baum der Tugenden und der Laster im Ausstattungsprogramm einer Handschrift des "Compendiums" des Petrus Pictaviensis (Wien, Österreichische Nationalbibliothek, Cod. 12538)», *Wiener Jahrbuch für Kunstgeschichte*, núm. 46/47 (1993/1994), p. 173-185 y 409-412.

Fraisse, Chantal, «Un traité des vertus et des vices illustré à Moissac dans la première moitié du xie siècle», *Cahiers de civilisation médiévale*, núm. 42 (1999), p. 221-242.

Freeman Sandler, Lucie, *The Psalter of Robert de l'Isle*, Dr Ludwig Reichert Verlag, Oxford, 1983.

Gastaldelli, Ferruccio, *Studi su san Bernardo e Goffredo di Auxerre*, SISMEL - Edizioni del Galluzzo, Florencia, 2001.

Gelfand, Laura D., «Social status and sin: reading Bosch's prado seven deadly sins and four last things painting», en Richard Newhauser (ed.), *The seven deadly sins. From communities to individuals*, Brill, Leiden, 2007, p. 229-256.

Ghisalberti, Alessandro (ed.), *Pensare per figure. Diagrammi e simboli in Gioacchino da Fiore*, Viella, Roma, 2009.

Godofredo de Auxerre, *Expositio in Cantica Canticorum*, vol. I-II, edición de Feruccio Gastaldelli, Storia e Letteratura, Roma, 1974.

Goggin, Cheryl G., «Copying manuscript illuminations: the Trees of Vices and Virtues», *Visual Resources*, núm. 20 (2004), p. 179-198.

GREGORIO MAGNO, *Moralia in Iob*, editado por M. Adriaen, CCSL 143 B, Brepols, Turnhout, 1985.

GRIFFITHS, Fiona J., *Garden of delights: reform and renaissance for women in twelfth century*, University of Pennsylvania Press, Filadelfia, 2007.

HAARLÄNDER, Stephanie, «Was ist ein Reformabt? Beobachtungen an der Prosavita Wilhelms von Hirsau (1069-1091)», en Dorothea WALZ (ed.), *Lateinische Biographie von der Antike bis in die Gegenwart: «Scripturus vitam»*, Festgabe für Walter Berschin zum 65. Geburtstag, Mattes, Heidelberg, 2002, p. 461-473.

HAMBURGER, Jeffrey, *Haec figura demonstrat. Diagramme in einem Pariser Exemplar von Lothars von Segni De missarum mysteriis aus dem frühen 13. Jahrhundert*, De Gruyter, Berlín/Boston, 2013.

HECK, Christian, «L'allégorie dans l'art médiéval: entre l'exégèse visuelle et la rhétorique de l'image», en Christian HECK (ed.), *L'allégorie dans l'art du Moyen Âge. Formes et fonctions. Héritages, créations, mutations*, Brepols, Turnhout, 2011, p. 7-22.

HEITZMANN, Christian / Patrizia CARMASSI, *Der Liber Floridus in Wolfenbüttel. Eine Prachthandschrift über Himmel und Erde*, WBG, Darmstadt, 2014.

HERRADA DE LANDSBERG, *Hortus deliciarum*, editado por Rosalie B. Green *et al.*, I-II, Warburg Institute, Londres/Leiden, 1979.

HÖDL, Ludwig, «Symbolismus, Deutscher», *Lexikon des Mittelalters*, vol. VIII, LexMA-Verlag, Múnich, 1997, col. 358.

HUGO DE SAN VÍCTOR, *Super Ierarchiam Dionisii*, editado por Dominique Poirel, CCCM 178, Brepols, Turnhout, 2015.

<PS.> HUGO DE SAN VÍCTOR (es decir, CONRADO DE HIRSAU), *De fructibus carnis et spiritus*, PL 176, col. 997-1010.

KATZENELLENBOGEN, Adolf, *Allegories of the virtues and vices in medieval art. From early christian times to the thirteen century*, Warburg Institute, Londres, 1939.

KNUUTTILA, Simo, *Emotions in ancient and medieval philosophy*, Clarendon Press, Oxford, 2004.

LAMBERTO DE SAINT-OMER, *Liber floridus: codex autographus Bibliothecæ Universitatis Gandavensis*, edición de Albert Derolez, Gandavi, Gante, 1968.

LEICHTFRIED, Anton, *Trinitätstheologie als Geschichtstheologie. «De sancta Trinitate et operibus eius» Ruperts von Deutz (ca. 1075-1129)*, Echter, Würzburg, 2002.

LESIEUR, Thierry, *Sciences des nombres et spiritualité entre Danube et Meuse (IXe-XIIe siècles)*, Classiques Garnier, París, 2009.

MÄHL, Sibylle, *Quadriga virtutum. Die Kardinaltugenden in der Geistesgeschichte der Karolingenzeit*, Böhlau, Colonia/Viena, 1969.

MEIER, Christel, «Malerei des Unsichtbaren. Über den Zusammenhang von Erkenntnistheorie und Bildstruktur im Mittelalter», en Wolfgang HARMS (ed.), *Text und Bild, Bild und Text*, Metzler, Stuttgart, 1990, p. 35-65.

MELVILLE, Gert, «Geschichte in graphischer Gestalt. Beobachtungen zu einer spätmittelalterlichen Darstellungsweise», en Hans PATZE (ed.), *Geschichtsschreibung und Geschichtsbewusstsein im späten Mittelalter*, Jan Thorbecke, Sigmaringen, 1987, p. 57-154.

MEWS, Constant J., «Hildegard, the Speculum Virginum and religious reform in the twelfth century», en Alfred HAVERKAMP (ed.), *Hildegard von Bingen in ihrem historischen Umfeld, Internationaler wissenschaftlicher Kongreß zum 900jährigen Jubiläum, 13-19 September 1998, Bingen am Rhein*, Philipp von Zabern, Maguncia, 2000, p. 237 267.

—, «Virginity, theology and pedagogy in the "Speculum virginum"», en *Listen, daughter. The «Speculum virginum» and the formation of religious women in the middle ages*, Palgrave Macmillan, Nueva York, 2001, p. 15-40.

—, «Hildegard of Bingen and the Hirsau reform in Germany 1080-1180», en Beverly M. KIENZLE / Debra L. STOUDT / George FERZOCO (ed.), *A companion to Hildegard of Bingen*, Brill, Leiden-Boston, 2013, p. 57-83.

MOORE, Philip S., *The works of Peter of Poitiers, master in Theology and cancellor of Paris (1193-1205)*, University of Notre Dame, Notre Dame (Indiana), 1936, p. 97-117.

MÜLLER, Harald, «"Græcus et fabulator". Johannes Trithemius als Leitfigur und Zerrbild des spätmittelalterlichen "Klosterhumanisten"», en Horst KRANZ / Ludwig FALKENSTEIN (ed.), *Inquirens subtilia diversa. Dietrich Lohrmann zum 65. Geburtstag*, Aachen / Shaker,

Aquisgrán, 2002, p. 201-223.
OBRIST, Barbara, «Wind diagrams and medieval cosmology», *Speculum*, núm. 72 (1997), p. 33-84.
—, *La cosmologie médiévale. Textes et images. I. Les fondements antiques*, SISMEL - Edizioni del Galluzzo, Florencia, 2004.
O'REILLY, Jennifer L., *Studies in the iconography of the virtues and vices in the middle ages*, Dissertations-G, Nueva York / Londres, 1988.
PANAYOTOVA, Stella, «Peter of Poitiers's Compendium in Genealogia Christi. The early English copies», en Richard GAMESON / Henrietta LEYSER (ed.), *Belief and culture in the middle ages. Studies presented to Henry Mayr-Harting*, Oxford University Press, Oxford, 2001, p. 327-341.
PAOLETTI, Gisella, *Comprendere testi con figure. Immagini, diagrammi e grafici nel design per l'istruzione*, Franco Angeli, Milán, 2011.
PATSCHOVSKY, Alexander (ed.), *Die Bildwelt der Diagramme Joachims von Fiore. Zur Medialität religiös-politischer Programme im Mittelalter*, Jan Thorbecke, Ostfildern, 2003.
PEDRO ABELARDO, *Theologiæ «scholarium»*, editado por Eligius M. Buytaert / Constant J. Mews, *CCCM* 13, Brepols, Turnhout, 1987.
POIREL, Dominique, *Livre de la nature et débat trinitaire au XIIe siècle: le «De tribus diebus» de Hugues de Saint-Victor*, Brepols, Turnhout, 2002.
POTESTÀ, Gian Luca, *Il tempo dell'Apocalisse. Vita di Gioacchino da Fiore*, Laterza, Roma / Bari, 2004.
RAININI, Marco, *Disegni dei tempi. Il «Liber Figurarum» e la teologia figurativa di Gioacchino da Fiore*, Viella, Roma, 2006.
—, «"Symbolica theologia". Simboli e diagrammi in Ugo di San Vittore», en *Ugo di San Vittore, Atti del XLVII Convegno storico internazionale del Centro italiano di studi sul basso medioevo*, CISAM, Spoleto, 2011, p. 285-337.
—, «Il ritmo della storia. L'interpretazione simbolica dell'anno liturgico nei diagrammi del XII secolo», *Iconographica*, núm. 13 (2014a), p. 25-44.
—, *Corrado di Hirsau e il «Dialogus de cruce». Per la ricostruzione del profilo di un autore monastico del XII secolo*, SISMEL - Edizioni del Galluzzo, Florencia, 2014b.

—, «Ildegarda, l'eredità di Giovanni Scoto e Hirsau. "Homo medietas" e mediazione», en Rainer BERNDT / Maura ZÁTONYI (ed.), «*Unversehrt und unverletzt*». *Hildegards von Bingen Menschenbild und Kirchenverständnis heute*, Aschendorff, Münster, 2015a, p. 139-165.

—, «Symbolic representations and diagrams of the Lord's prayer in the twelfth century», en Francesco SIRI (ed.), *Le «Pater noster» au XIIe siècle. Lectures et usages*, Brepols, Tournhout, 2015b.

—, «From Regensburg to Hirsau and back. Paths in 11th-12th century German Theology», *Archa Verbi. Yearbook for the Study of Medieval Theology*, en proceso de edición.

RAUH, Horst D., *Das Bild des Antichrist im Mittelalter. Von Tyconius zum Deutschen Symbolismus*, Aschendorff, Münster, 1979².

REEVES, Marjorie / Beatrice HIRSCH-REICH, *The «figuræ» of Joachim of Fiore*, Clarendon, Oxford, 1972.

REHM, Ulrich, *Bebilderte Vaterunser-Erklärungen des Mittelalters*, Koerner, Baden-Baden, 1994.

SAXL, Fritz, «A spiritual Encyclopedia of the later middle ages», *Journal of the Warburg and Courtauld Institutes*, núm. 5 (1942), p. 82-142.

SCHMITT, Jean-Claude, «Les images classificatrices», *Bibliothèque de l'École des Chartes*, núm. 147 (1989), p. 311-341.

—, «Rythmes, société, histoire», en *Paradoxien der Legitimation: Ergebnisse einer Deutsch-Italienisch-Französischen Villa-Vigoni-Konferenz zur Macht im Mittelalter*, SISMEL - Edizioni del Galluzzo, Florencia, 2010, p. 181-203.

—, «A history of rhythms during the middle ages», *The Medieval History Journal*, núm. 15 (2012), p. 1-24.

SCHREINER, Klaus, «Abt Johannes Trithemius (1462-1516) als Geschichtsschreiber des Klosters Hirsau. Überlieferungsgeschichtliche und quellenkritische Bemerkungen zu den "Annales Hirsaugienses"», *Rheinische Vierteljahrsblätter*, núm. 31 (1966/1967), p. 72-138.

—, «Geschichtsschreibung im Interesse der Reform. Die «Hirsauer Jahrbücher» des Johannes Trithemius (1462-1516)», en *Hirsau. St. Peter und Paul 1091-1991*, Theiss, Stuttgart, 1991, 297-324.

SCHWEITZER, Franz-Josef, *Tugend und Laster in illustrierten didaktischen Dichtungen des späten Mittelalters: Studien zu Hans*

Vintlers «Blumen der Tugend» und zu «Des Teufels Netz», Olms-Weidmann, Hildesheim, 1993.

SICARD, Patrice, *Diagrammes médiévaux et exégèse visuelle. Le «Libellus de formatione arche» de Hugues de Saint-Victor*, Brepols, París/Turnhout, 1993.

SPECULUM VIRGINUM, editado por Sutta Seyfarth, CCCM 5, Brepols, Turnhout, 1990.

STAUBACH, Nikolaus, «Auf der Suche nach der verlorenen Zeit: Die historiographischen Fiktionen des Johannes Trithemius im Lichte seines wissenschaftlichen Selbstverständnisses», en *Fälschungen im Mittelalter, Internationaler Kongreß der Monumenta Germaniæ Historica (München 16-19 September 1986)*, vol. I, Hannover, 1988, p. 263-316.

STURLESE, Loris, *Storia della filosofia tedesca nel Medioevo. Dagli inizi alla fine del XII secolo*, Leo S. Olschki, Florencia, 1990.

TAGLIAPIETRA, Andrea, «Profeti e simbolisti», en *Storia della teologia nel medioevo*, vol. II, coordinado por Giulio D'Onofrio, Piemme, Casale Monferrato, 1996, p. 393-434.

VERBOON, Annemieke R., «The medieval Tree of Porphyry. An organic structure of logic», en Andrea WORM / Pippa SALONIUS (ed.), *The Tree. Symbol, Allegory and Structural Device in Medieval Art and Thought*, Brepols, Turnhout, 2014, p. 95-116.

WANNENMACHER, Julia Eva, «Alpha und Omega: Joachim von Fiore in der Theologie des 12. Jahrhunderts. Versuch einer Standortbestimmung», en Mikolaj OLSZEWSKI (ed.), *What is «Theology» in the middle ages? Religious cultures of Europe (11th-15th centuries) as reflected in their self-understanding*, Aschendorff, Münster, 2007, p. 103-119.

WORM, Andrea, «"Ista est Jerusalem". Intertextuality and visual exegesis in Peter of Poitiers' "Compendium historiae in genealogia Christi" and Werner Rolevinck's "Fasciculus temporum"», en Lucy DONKIN / Hanna VORHOL (ed.), *Imagining Jerusalem in the medieval west*, Oxford University Press (Proceedings of the British Academy, 175), Oxford, 2012, p. 123-162.

Traducción del italiano de Eduard Cairol

EL MONASTERIO HERMÉTICO. ALQUIMIA Y SECRETO A FINALES DEL SIGLO XVI

María Tausiet

> *Existe un método perfecto de transmutación [...]*
> *un método muy vago y muy confuso,*
> *ya que este es el secreto de los sabios.*
> ANÓNIMO, Sobre la piedra filosofal

> *Si el secreto fuera expresado, perdería su fascinación,*
> *pues su fuerza radica en ser anunciado,*
> *pero jamás revelado.*
> JÖRG VÖLLNAGEL, Mélancolie et alchimie

La espiritualidad entendida como transformación y transfiguración interior, como un ejercicio permanente de reconstrucción y depuración del yo, encontró su máxima expresión a lo largo de la Edad Media europea en el ámbito de los monasterios. Aunque el término aludiera originalmente a la soledad de quienes empezaron aislándose y viviendo como anacoretas, a partir del siglo VI la mayoría de los monjes se agruparon en comunidades. En principio, ello no debía impedir, sino más bien potenciar, el cultivo de la contemplación, el perfeccionamiento de uno mismo o, si se quiere, la unión con la divinidad.

Con el paso del tiempo, sin embargo, la vida monástica terminó por convertirse en una opción más, al alcance de una amplia mayoría. Quienes habitaban dentro de los muros de una abadía no estaban en absoluto encerrados, ni mucho menos consagrados exclusivamente a la oración. La progresiva relajación de la disciplina y la apertura a la sociedad mundana provocaron una sucesión ininterrumpida de reformas que pretendían recuperar los ideales primitivos: pobreza, humildad, sencillez y, sobre todo, interiorización y recogimiento.

Desde finales del siglo XI en adelante, fueron numerosos los intentos de renovación monacal en toda Europa. En la península Ibérica, junto con la reforma cisterciense, dos de los movimientos tardomedievales que con más hincapié procuraron recuperar el espíritu que había inspirado a los primeros anacoretas cristianos fueron las órdenes de la Cartuja y de San Jerónimo. Lo que ambas buscaban era precisamente una combinación de eremitismo y cenobitismo, de aislamiento y vida en comunidad o, dicho en términos modernos, de «soledad en compañía», en el sentido más positivo de la expresión. Solo así se entiende, por ejemplo, el énfasis particular de los conventos cartujos en la práctica del silencio, considerado fundamental para alcanzar un estado de auténtica contemplación. La orden, fundada en el año 1084 por san Bruno y sus compañeros en Chartreuse (Alpes franceses), tuvo sus primeros establecimientos peninsulares en la Corona de Aragón. En 1163 se inauguró la cartuja de Scala Dei (Tarragona); a esta siguió un siglo después la de Sant Pol de Mar (Gerona) y, poco más tarde, la de Portaceli (Valencia).

En cuanto a la Corona de Castilla, el siglo XIV marcó un antes y un después. La inestabilidad política y económica que caracterizó el reinado de Alfonso XI (1312-1350), acentuada más aún durante el de Pedro I (apodado *el Cruel* por sus detractores, 1350-1369), propició, entre otras reacciones, la retirada de un buen número de eremitas. La libertad religiosa que se permitían despertó una profunda desconfianza entre las jerarquías eclesiásticas, hasta el punto de llegar a ser acusados de beguinismo. Algunos de ellos, al verse acosados por las órdenes religiosas y tachados de herejes, sustituyeron finalmente la ermita por el cenobio. Eso sí, lo hicieron bajo la inspiración y la advocación de san Jerónimo (340-420), modelo de asceta y penitente por excelencia. En 1373 recibieron autoridad pontificia para fundar un primer monasterio, el de San Bartolomé de Lupiana (Guadalajara); y en 1414, el privilegio de constituirse como una orden exenta tanto de la jurisdicción ordinaria como de la episcopal.

Según fray José de Sigüenza (1544-1606), que escribió una detallada historia de la orden, cuando los monjes jerónimos celebraron su primer capítulo o asamblea general, como carecían de toda experiencia de vida comunitaria, se vieron obligados por el papa a aceptar el ideario cartujo. Resulta especialmente significativa, en ese sentido, la comparación que el erudito escurialense establecía entre las dos órdenes. Desde el punto de vista de Sigüenza, ambas compartían la particularidad de combinar algunos espacios comunes (el claustro o claustros, la iglesia, el refectorio, etc.) con un importante espacio individual (la celda). Lamentablemente, sin embargo, el característico silencio de los cartujos no duraría mucho en la nueva fundación. En palabras del franciscano fray Juan de Santa María:

> Obrar mucho y callar más es lo que más importa al religioso [...] Toda la conversación del religioso devoto es dentro de sí [...] El religioso que se retira y calla, o habla muy poco con los hombres,

> es señal que comunica y habla mucho con Dios. De los habladores del mundo [...] que no saben guardar silencio, dice un filósofo que son como caballos desbocados sin freno, como castillo sin puerta, como viña sin cerca, y como río cuando sale de madre, que trae a la vuelta mucha basura y cieno [...]. Guardábase este rigor del silencio con sumo recato [...] y ahora se conserva en algunas partes, y en otras se va olvidando.
>
> Santa María 1615: 269

En tiempos de Sigüenza, el silencio se había roto ya en los monasterios jerónimos, pero al menos continuaba manteniéndose la soledad de la celda:

> Aunque lloro con razón lo mucho que en esto hemos perdido [el silencio], con todo eso han quedado hartas reliquias de lo que fue en sus principios, porque con vivir todos en esta religión en los claustros y tener por el contorno las celdas, sin estar encerrados en dormitorios [comunitarios] (como de ordinario están en todas las religiones, excepto la Cartuja y esta de San Jerónimo que se le parece tanto), se ve por misericordia del Señor gran quietud y una calma del cielo.
>
> Sigüenza 1600: 346

La quietud paradisíaca que proporcionaba la celda venía a suponer un refugio frente al mundo exterior. Pero, más que eso, era un auténtico laboratorio interior en el que cada monje debía trabajarse a sí mismo:

> Todo el tiempo que el religioso no estuviere en el coro o, por obediencia, en cualquier otra manera ocupado, procure recogerse en la celda [...]. Para ir aprovechando en las virtudes y desnudarse de todos los hábitos viciosos que entraron a vestir el alma por las ventanas de los sentidos, el único refugio es la celda, donde, como en un castillo fuerte, se asegura de los asaltos de tres fuertes enemigos: ojos, oídos y boca. Pues en la celda ni se oye, ni se ve, ni se habla, sino con Dios, o con sus santos, o con el alma misma.
>
> Sigüenza 1712: 241-243

Esta forma de entender la vida religiosa remitía al concepto filosófico griego del cuidado de uno mismo (*epimeleia heautou*), que los romanos traducirían al latín como *cura sui*. Según Michel Foucault, durante la Edad Media y el Renacimiento, dicha sensibilidad se mantuvo hasta cierto punto viva, pero a partir del siglo XVII (el «momento cartesiano», que se intensificaría más tarde con Kant y Hegel) el conocimiento se desvió definitivamente hacia el mundo exterior (pese a ciertos intentos de recuperación en los siglos XIX y XX). La cultura del cuidado de uno mismo se habría desarrollado especialmente entre los siglos V a. C. y V d. C. Tal como defendieron la mayoría de los pensadores de este periodo, la atención del individuo debía centrarse no tanto en lo que hacían los demás, ni siquiera en lo que hacía uno mismo, sino en los propios pensamientos y emociones (*melete*, meditación). Y, a partir de ahí, en la ejercitación o práctica de acciones concretas (*ascesis*) encaminadas a una purificación progresiva del yo, de modo que la mirada personal se hiciera cada vez más límpida y capacitada para contemplar la verdad.

Dicha filosofía, que acabaría asociándose a la noción de espiritualidad dentro del contexto cristiano, suponía no tanto una forma de conocimiento como un arte de vivir (*techne tou biou*). Más que una ciencia dirigida a dar cuenta de la realidad, representaría una *tecnología del yo*. Ello implicaba que más importante que el famoso «conócete a ti mismo» («gnothi seauton» o «gnosce te ipsum») inscrito en el templo de Apolo en Delfos sería el «actúa sobre ti mismo», que Epicuro de Samos (341-270 aC) expresaría en una sencilla frase con total rotundidad: «Todo hombre debe ocuparse día y noche, y a lo largo de toda su vida, de su propia alma.»

I EL MONJE HERMÉTICO

En las páginas que siguen trataremos de acercarnos a la experiencia de un monje que vivió a finales del siglo XVI en el monasterio jerónimo de Santa Engracia de Zaragoza, dedicado a la oración pero también al estudio y a la práctica de la alquimia. Como era costumbre entre los miembros de la orden, fray Juan ocupaba una celda individual que se componía de una sala destinada a la lectura y a la meditación, aneja a una pequeña alcoba. En ese espacio estrictamente unipersonal, el fraile había instalado varios fogariles, alimentados con carbón, así como una serie de instrumentos necesarios para su arte (crisoles, redomas, morteros, fuelles, tenazas, alcohol, estaño, etc.), además de un buen número de libros impresos y manuscritos. Si nos han llegado noticias de su paradero es porque, pese a la buena reputación inicial del fraile, en la primavera de 1593, durante un viaje a su comarca de origen, fue acusado por las autoridades locales de acuñar moneda falsa. A partir de ahí fue llevado a prisión y procesado, en primer lugar por la justicia seglar y, posteriormente, por la episcopal.

En realidad, por pertenecer a la orden de los jerónimos, fray Juan se hallaba exento de toda jurisdicción, tanto laica como eclesiástica. Lo extraordinario del caso es que, dada la gravedad de la acusación, el rey Felipe II hizo una excepción y ordenó al nuncio apostólico en España (Camilo Gaetano, patriarca de Alejandría, en representación del papa Clemente VIII) que encargara al arzobispo de Zaragoza la instrucción de un proceso contra el fraile. La solemnidad del procedimiento y la gravedad atribuida al asunto no impidieron que —afortunadamente para el reo— su caso fuera investigado con admirable imparcialidad y benevolencia, y asimismo que —afortunadamente para nosotros— tanto los interrogatorios a testigos como el resto de averiguaciones se llevaran a cabo con un detalle y un cuidado exquisitos. El extenso y detallado juicio, que se prolongó a lo largo de tres años, durante los cuales se trató de descubrir la auténtica naturaleza de sus actividades por todos los medios posibles, se ha conservado hasta hoy, encuadernado en dos gruesos tomos de tamaño folio (Proceso: 1593-1596).

Antes de adentrarnos en este caso particular, podemos preguntarnos: ¿qué es lo que se estaba poniendo en juego a propósito de la alquimia practicada por el fraile? ¿Cuáles fueron los móviles de su acusación y el contexto en que se produjo? Lo primero que tenemos que tener presente es que, frente a la llamada alquimia espiritual, entendida como una vía de perfeccionamiento personal o *cura sui*, se hallaba generalmente aceptado que el único propósito de la mayoría de los transformadores de metales no era otro que el de enriquecerse. Por eso, resultaba de suma importancia distinguir a los verdaderos de los falsos alquimistas; a los auténticos buscadores de la piedra filosofal de un sinnúmero de charlatanes que trataban de estafar a muchos inocentes con la promesa de convertir cualquier metal en oro o plata mediante sus trucos y recetas. Entre los siglos XIII y XVII, los ataques contra los alquimistas impostores acabaron por convertirse en un motivo recurrente tanto en la literatura como en la legislación europeas. De forma paralela, durante estos siglos la utopía alquímica y el sueño de alcanzar la piedra filosofal fueron generalizándose cada vez más entre los miembros de todas las clases sociales. No hay que olvidar que el mito de la alquimia se basaba en la convicción de la unión indisociable entre materia y espíritu. En ese sentido, la «piedra filosofal» vendría a ser un auténtico oxímoron para expresar la materialización del espíritu y, al mismo tiempo, la espiritualización de la materia. Hasta finales del siglo XIII por lo menos, la alquimia se consideró una rama de la filosofía natural, una suerte de metafísica experimental o de gnoseología práctica, y se realizaba en muchos monasterios. Se creía que el trabajo sobre la materia transformaba al alquimista, perfeccionándolo a través de sucesivas etapas que aparecían simbolizadas en cuatro colores: negro, blanco, amarillo y rojo.

Para los auténticos «filósofos», dedicados a la vertiente espiritual de la ciencia, la transformación de los metales en oro o plata venía a ser una analogía de la purificación personal. Teniendo en cuenta que los metales son lo más duradero que existe en la naturaleza y que se van formando a lo largo de periodos de tiempo muy largos, para los alquimistas venían a representar el ejemplo máximo de pervivencia. En este sentido, el hombre (microcosmos) y la Tierra (macrocosmos) tendrían en común la digestión o transformación, bien de alimentos, bien de todo tipo de desechos orgánicos que terminaban convirtiéndose en minerales. La vida milenaria de estos constituía para los alquimistas el máximo ideal que alcanzar a través del famoso elixir de la eterna juventud (GARCÍA FONT 1995: 29).

Esta interpretación espiritual o esotérica de la alquimia se enmarcaba dentro de la tradición hermética nacida en la época helenística, según la cual el inventor, no solo de la alquimia, sino de toda la filosofía oculta, había sido un personaje mítico conocido como Hermes Trismegisto. Apodado *el tres veces grande*, era el resultado del sincretismo entre el dios griego Hermes (mensajero y psicopompo o portador de almas) y el dios egipcio Thot (dios de la sabiduría, inventor de la escritura y de los conjuros mágicos).

El hermetismo filosófico se fundó sobre la base de un conjunto de escritos supuestamente aparecidos en Egipto entre los siglos I y IV dC, atribuidos a Hermes Trismegisto y que se conocieron como *Corpus Hermeticum*. Probablemente se trató de un intento helénico de sistematizar filosóficamente parte de las doctrinas religiosas y místicas de la cultura tardoegipcia. Con el tiempo, la tradición hermética se fundió con elementos neoplatónicos y cristianos, hasta convertirse en prototipo por excelencia de lo oculto durante el Renacimiento y el Barroco. Uno de los textos más breves y famosos adjudicados a Hermes Trismegisto fue la *Tabla de Esmeralda*. Del mismo modo que las *Tablas de la Ley* judía condensaban un mensaje fundamental a través de los diez mandamientos transmitidos a Moisés por Yahveh, en los trece preceptos contenidos en la *Tabla* aparecía resumido todo el arte de la gran obra alquímica: llevar tanto al hombre como a la naturaleza a su estado de máxima perfección. La *Tabla de Esmeralda* vendría a revelar, por tanto, el misterio de la sustancia primordial y sus transmutaciones. Sin embargo, su lenguaje críptico, prácticamente indescifrable, mantenía el secreto de la relación entre el macrocosmos y el microcosmos, entre lo divino y lo humano, entre la materia y el espíritu. Según el segundo precepto puesto bajo la advocación de Hermes Trismegisto, «lo que está más abajo es como lo que está arriba, y lo que está arriba es como lo que está abajo», un aforismo altamente sugerente pero tan oscuro e impenetrable que daría lugar a interminables especulaciones (COPENHAVER 1992).

Como escribió Umberto Eco, el hermetismo convertiría al universo en «un gran teatro de espejos donde cualquier cosa refleja y significa todas las demás». De este modo, la labor de interpretar se vuelve infinita:

> En el intento de buscar un sentido último e inalcanzable, se acepta un sentido sin freno del sentido. Una planta no se define en sus características morfológicas y funcionales, sino por su semejanza, aunque parcial, con otro elemento del cosmos. Si se asemeja vagamente a una parte del cuerpo humano, la planta tiene sentido porque remite al cuerpo. Pero esa parte del cuerpo tiene sentido, a su vez, porque remite a una estrella. Esta tiene sentido porque remite a una gama musical. Esta porque remite a una jerarquía angélica, y así hasta el infinito.
>
> Eco 1992: 53

Cada nueva relación o asociación de ideas abre las puertas a un nuevo misterio:

> Todo objeto, terrenal o celeste, esconde un secreto iniciático. Pero, como han afirmado muchos hermetistas, un secreto iniciático revelado no sirve para nada. Cada vez que se piensa haber descubierto un secreto, este solo será tal si remite a otro secreto, en un movimiento progresivo hacia un secreto final. Ahora bien, […] no puede haber secreto final. El secreto final de la iniciación hermética es que todo es secreto.
>
> Eco 1992: 53-54

En efecto, el mundo de la alquimia y de quienes la practican, caracterizado por el secreto con que se llevaban a cabo las operaciones, nos es en gran medida desconocido. Los testimonios de primera mano acerca de una ciencia inescrutable por antonomasia no resultan muy abundantes. Más escasos aún son los documentos que atestiguan su práctica entre los menos favorecidos. En ese sentido, el opúsculo dedicado en 1593 a Felipe II por parte del irlandés Richard Stanyhurst para ayudar al rey a distinguir a los falsos de los verdaderos alquimistas representa una valiosa fuente acerca de la práctica del arte fuera de los ámbitos estrictamente cortesanos. El breve tratado encabezaba su largo título con una metáfora inspirada que hacía referencia a la capacidad de la piedra de toque para probar la autenticidad del oro. De ahí que el librito se presentara a sí mismo como «El toque de alquimia, en el qual se declaran los verdaderos y falsos efectos del arte, y como se conosceran las falsas practicas de los engañadores y haraneros vagamundos» (TAUSIET 1994: 525-558).

Los indicios que permitían reconocer a tales embusteros aparecían resumidos en cuatro: inmoralidad, ignorancia, pobreza y utilización de materiales extravagantes. En consecuencia, solo los buenos cristianos, versados en el arte, con un nivel económico suficiente como para sobrevivir dignamente sin tener que recurrir a la estafa y dispuestos a obrar con sustancias comunes resultaban dignos de confianza. El prototipo del alquimista tramposo, errante o vagabundo contrastaba, por tanto, con el del sabio sosegado que, sin ser apenas notado, dedicaba sus esfuerzos desinteresados a la consecución del *opus magnum*.

Nadie más cercano, en principio, al perfil del alquimista virtuoso que fray Juan de Santa Ana (figura 1). Según su propio testimonio, su intención no era otra que fabricar la piedra filosofal y, asimismo, ayudar a remediar las necesidades del monasterio zaragozano y de otras muchas iglesias pobres, donde faltaban cálices e imágenes de plata que él era capaz de elaborar a partir de metales menos nobles, como el estaño:

> Leyendo en Aristoteles y santo Tomas [...] le parezio que era juego de pocas tablas probar a hazer la piedra filosofal. Si con ella se saliese, bien; y si no, también. Pues saliendo con ella pudiera hazer, con licencia de su Magestad, obras piadosissimas, como son calizes para pueblos pobres que no los tienen, sino de estaño, *et multa alia simila*.
>
> Proceso 1593-1596: 60

La creencia en la posibilidad de fabricar la piedra filosofal era compartida por la mayoría de sus contemporáneos, entre los que se contaban muchos representantes del estamento eclesiástico. No es de extrañar, por tanto, que en un primer momento, cuando el fraile solicitó permiso para labrar «unas ymagencillas de estaño o alquimia [...] y para tener fogariles y carbon y lo que huviesse menester», el prior del monasterio le concediese licencia de inmediato (Proceso: 263). No obstante, a la vista de las muchas horas que fray Juan pasaba encerrado en su taller, y ante el continuo trasiego de plateros y alquimistas que no dejaban de entrar en el monasterio, el prior fue cambiando de opinión hasta que, pareciéndole «que era mucha ocupacion para religioso que habia de acudir al coro y al altar [...], rogo al dicho fray Juan que no entendiese en dichas cosas» (Proceso: 263). Al mismo tiempo, ordenó al portero del monasterio que en lo sucesivo impidiera pasar a los plateros o alquimistas que constantemente acudían a verlo.

Pese a ello, fray Juan continuó con sus actividades y visitas, lo que supuso que tanto él como el fraile portero fueran reprendidos en varias ocasiones ante el capítulo. Lejos de obedecer al prior, fray Juan insistía una y otra vez en decirle que cómo le prohibía algo que era

> cosa tan probechosa para las almas y aun para la casa y monasterio de Sant Bartholome de Lupiana, donde era profeso, y desta de Santa Engracia, que tanta necesidad tenian de candeleros, relicarios y otras cosas para el culto divino.
>
> Proceso: 264

Ante tanta reiteración, en cierta ocasión el prior había llegado a responderle airado y a exclamar «que se fuese con la gracia de Dios y con su plata de humo y joyas de trasgos, o otras palabras semejantes» (Proceso: 264).

Poco tiempo después, fray Juan solicitó un permiso de quince días para salir del monasterio y acudir a la localidad de Ibdes, situada en la comarca de Calatayud, a ciento diecisiete kilómetros al suroeste de Zaragoza, y famosa desde antiguo por sus aguas medicinales. Acababa de morir uno de sus hermanos y su familia le había pedido ayuda para solucionar ciertos asuntos económicos. Se trataba de intentar vender algunas tierras del fallecido, que vivía en la localidad cercana de Munébrega —de donde era oriundo fray Juan—, y de ese modo poder pagar las deudas que la familia debía a la comunidad de Calatayud. La ausencia del monasterio durante un tiempo se justificaba también como una cura necesaria debido al pésimo estado de salud del fraile, ya anciano, quien, como tantos otros alquimistas, se encontraba aquejado del pecho debido al humo que había respirado a lo largo de su vida:

> Por la falta de salud y ocupaçion grande del pecho que tenia [...] enbio a pedir licencia a su Padre General para que, yendo a proveher las neçesidades de la repartiçion y vendiçion de la hazienda sobredicha, pudiese convalesçer de la grande indisposicion que avia tenido, siendo regalado de su hermana y tomando los baños y otros remedios a proposito de su salud.
>
> Proceso II: 21

El prior le concedió el permiso sin reparos, y el 31 de abril de 1593 fray Juan abandonó el monasterio, acompañado de un arriero, y alcanzó su destino dos días después. Al llegar a Ibdes, se encontró con sus parientes más cercanos (sus hermanas: María, beata, y Jerónima, casada con Martín Lozano, con quien había tenido cuatro hijos), quienes, al parecer, lo recibieron con alivio y gran alborozo. Fray Juan había hecho transportar consigo los instrumentos necesarios para instalar su taller de alquimista en el mirador de la casa de su hermana Jerónima, donde se alojó durante casi dos semanas. Según el testimonio de algunos, buena parte de su estancia la pasó trabajando en dicho mirador hasta que, justo un día antes de cumplirse el plazo para volver al monasterio, tanto él como su familia fueron arrestados por los jurados de Calatayud, acusados de *falsos monederos*.

2 EL MONASTERIO HERMÉTICO

Antes de abordar las principales líneas de argumentación que forman la urdimbre del caso —tan contradictorias entre sí que a menudo nos invitan a contemplarlo desde puntos de vista enigmáticamente opuestos—, conviene señalar las coordenadas espacio-temporales en las que se enmarca. Dos aparentes casualidades resultan particularmente elocuentes. Por un lado, el proceso se inició en 1593, fecha que coincide con el año de publicación del tratadito ya mencionado dedicado a Felipe II, destinado a distinguir a los alquimistas fraudulentos de los auténticos. Por otro lado, la mayor parte de las operaciones alquímicas del reo tuvieron lugar en el ámbito de un monasterio de la orden jerónima que, al igual que el monasterio –entonces también jerónimo— de El Escorial, constituía un importante polo de atracción para muchos alquimistas.

No hay que olvidar que, a pesar del auge de las universidades, en la España de finales del siglo XVI los monasterios todavía seguían desempeñando un papel decisivo como centros no solo de religiosidad, sino de cultura en un sentido más amplio. San Lorenzo de El Escorial constituía un caso especial por ser el lugar elegido por Felipe II como residencia, lo que automáticamente lo hacía ser considerado un lugar sagrado por excelencia. A ello se unía la numerosa colección de reliquias que el rey se afanaba personalmente en aumentar y que contribuían a santificar el lugar.

En este sentido, el monasterio zaragozano de Santa Engracia no le iba a la zaga, puesto que, según la leyenda «de los innumerables mártires», albergaba más reliquias que ningún otro lugar (en particular, las conocidas como Santas Masas) por haber sido la Zaragoza de los primeros tiempos del cristianismo objeto de una de las más feroces persecuciones llevadas a cabo por el emperador Diocleciano (TAUSIET 2008: 141-170). Tanto el monasterio de San Lorenzo de El Escorial como el de Santa Engracia de Zaragoza hacían honor a dos famosos mártires de la época apostólica. Algunos estudiosos, a la vista de la constante reactualización de los sufrimientos de los primitivos mártires y del intenso culto a las reliquias que se observa en la Edad Moderna, en especial desde finales del siglo XVI y durante la primera mitad del XVII, han calificado este periodo de «edad de oro de la martirología» (JOHNSON 1996: 280) (Figura 2).

En efecto, gran parte de la fama del monasterio de Santa Engracia se debía a los constantes milagros atribuidos a los mártires enterrados en su subsuelo. Los prodigios que continuamente desplegaban, ya abundantes de por sí, aumentaban sensiblemente cada vez que alguien solicitaba alguna reliquia para llevársela consigo, como si tales milagros representaran señales certeras de la resistencia de los espíritus redivivos a que sus restos mortales fueran trasladados a otro lugar. En su visita a Zaragoza en 1586, Felipe II, impresionado ante el relato de los portentos y calamidades que se habían producido en el pasado cada vez que se había intentado exhumar algún hueso, a pesar de haber pedido en un primer momento al monasterio «con grandes instancias» reliquias para su colección de El Escorial, finalmente «mando que ningun sepulcro se abriesse» (MARTON 1737: 560). Pero, al margen del aura de sacralidad de los dos principales relicarios de la España moderna, ambos monasterios compartían otras muchas características dada su pertenencia a la orden jerónima, y además se hallaban estrechamente relacionados entre sí.

Uno de los más declarados admiradores del monasterio de Santa Engracia fue el historiador, teólogo y humanista fray José de Sigüenza, monje también jerónimo que a partir de 1590 estableció su residencia definitiva en El Escorial, a petición de Felipe II, y desempeñó un importante papel en la organización de la biblioteca del monasterio junto a Benito Arias Montano. Envidiado por gozar de la predilección del rey e incomprendido ante su ardiente defensa de los evangelios, en 1592 sufrió un proceso inquisitorial como sospechoso de herejía, del que salió absuelto al año siguiente, probablemente gracias al apoyo real. En 1598, nada más fallecer Felipe II, Sigüenza fue elegido prior del zaragozano monasterio de Santa Engracia, aunque nunca llegó a tomar posesión del cargo porque era a su vez reclamado por Felipe III, quien alegó que lo necesitaba para El Escorial. El puesto terminó siendo ocupado por el padre Juan Vaguer, que ya había sido prior de Santa Engracia entre 1591 y 1595. Como ya se ha apuntado anteriormente, dicho periodo coincidió con la estancia de fray Juan de Santa Ana, a quien en cierta ocasión Vaguer había reprendido irritado, tras haberle rogado repetidas veces que renunciara a su oficio de alquimista.

El padre Sigüenza nunca llegó a formar parte de la comunidad monástica de Santa Engracia, pero sin duda conocía muy bien el lugar. Su *Historia de la orden de San Jerónimo*, escrita entre 1600 y 1605, incluía una descripción detallada del convento: «un santuario tan grande y de tanta devoción que se atreve san Prudencio a decir que apenas le hace a Roma ventaja». Según Sigüenza, aparte de por su gran tamaño, el convento destacaba por su privilegiada situación, «puesto a mediodía» y a la orilla de «un río muy grande, que se llama Huerva» (SIGÜENZA 2000: 62). En realidad, se trataba de una zona periurbana, situada en el exterior de la muralla romana, que servía de contacto entre el campo y la ciudad y que, ya desde antiguo, se había considerado territorio sagrado por ser un área cementerial, regada por la sangre de los innumerables mártires de la ciudad.

En 1493, Fernando el Católico decidió fundar allí un monasterio para cumplir el deseo incumplido de su padre, Juan II de Aragón: agradecer a la virgen y mártir santa Engracia, con esta construcción, la recuperación de la vista tras sufrir una operación de cataratas. Aun así, la finalización del edificio, en estilo plenamente renacentista, no tuvo lugar hasta 1540. A partir de entonces son abundantes los testimonios procedentes de viajeros y peregrinos acerca de su suntuosidad y belleza. Gracias a las generosas dádivas de los dos últimos monarcas de la Corona de Aragón y al apoyo continuado de los primeros reyes de la casa de Austria, el conjunto monástico llamaba la atención por su amplitud y riqueza. Además del templo y de la famosa cripta subterránea donde se custodiaban las reliquias de los «innumerables mártires», el edificio albergaba tres grandes claustros, refectorio, hospedería, biblioteca, enfermería, botica, bodega, capilla e incluso una granja. Todo ello sin contar, por supuesto, con las celdas individuales características de los monasterios jerónimos, donde dormían y oraban los monjes en soledad, como reminiscencia de los orígenes eremíticos de la orden. Entre las dependencias del monasterio, Sigüenza destacaba una alta y hermosa torre, desde cuya azotea podía divisarse «una larga y apacible vista» que englobaba la ciudad entera y, asimismo, «los ríos que la ciñen en contorno, una vega de cuatro leguas en largo y muchos lugares y casas de campo, las sierras del Moncayo y aun los Pirineos» (SIGÜENZA 2000: 65) (Figura 3).

Este era el lugar, en principio ideal, al que fray Juan de Santa Ana fue a trabajar con denuedo y entusiasmo durante dos años en su particular búsqueda de la piedra filosofal. Por los datos contenidos en el proceso incoado por el arzobispo de Zaragoza, sabemos que el anciano monje había llegado al monasterio de Santa Engracia en 1591, procedente de San Bartolomé de Lupiana (Guadalajara), donde era profeso. No conocemos el motivo del traslado, pero sí el trato deferente y respetuoso del que iba a ser objeto en su nueva residencia, incluso a pesar de las crecientes sospechas que sus actividades iban a suscitar (Figura 4). Según el testimonio de fray Domingo Murillo, de treinta y cuatro años de edad, en cierta ocasión «un ministro de la moneda de su Magestad» llamado Hernando Truxaron había visitado el monasterio para contrastar ciertas habladurías, ya que

> habia entendido que el dicho fray Juan y ciertas personas desta ciudad hazian del estaño plata. Y que era grandissima maldad, que aquello no lo podia hazer sino su Magestad o sus ministros. Y que si no lo remediaban, que a los seglares les haria dar cien azotes y inbiarlos a galeras, y que al frayle le haria tambien castigar por la orden.
>
> Proceso: 257

Vista la situación, en vez de echar leña al fuego, fray Domingo «lo procuro de aplacar, pareciendole que tenia mucha colera» y asimismo «se encargo de hablar sobre ello al dicho fray Juan de Santa Ana para que dexase las dichas invenciones». No obstante, finalmente no se atrevió a hacerlo:

> no se lo oso dezir [...] porque por ser el dicho fray Juan del monasterio de San Bartholome de Lupiana, que es mayor de dicha orden, y por ser guesped, parece que habia obligacion de no darle pesadumbre.
>
> Proceso: 258

Por lo que parece, esta actitud reservada era compartida por la mayoría de los monjes, ya fuera por prudencia o simplemente por miedo. Fray Domingo había oído decir a algunos frailes del monasterio que sospechaban que fray Juan pudiera estar fabricando moneda falsa, pero que, aun siendo un «grave negocio»,

> no lo habian osado comunicar con nadie por no caer en las penas que tiene puestas su religion, que el que dixere algo de otro y no probare ser verdad conforme a derecho, le hazen pasar por la propia pena.
>
> Proceso: 256

El entorno que rodeaba a fray Juan en el monasterio ya no podía ser más favorable. No solo disponía de un lugar apacible y cómodo donde lograr el aislamiento y la concentración necesarios, sino que, además, se encontraba a salvo de cualquier acusación malintencionada. La sacralidad del espacio conventual representaba para él un refugio, un auténtico asilo frente a la posible acción de la justicia. Sin embargo, no todo era miel sobre hojuelas. A pesar de la fama de la riqueza y el esplendor del monasterio, sabemos que, precisamente entre 1591 y 1593, coincidiendo con el traslado de fray Juan y el primer priorato del padre Vaguer, el convento atravesó una situación de crisis económica especialmente delicada.

Tal como resaltaría posteriormente el padre Martón en su detallada crónica de la historia del monasterio, fray Juan Vaguer, nada más aceptar su cargo como prior, «hallo a la comunidad empeñadisima y llena de deudas» (MARTÓN 1737: 573). Ello lo llevó a pedir el socorro del rey Felipe II en 1592, alegando que, tal como había dispuesto su abuelo Fernando el Católico, el número de monjes que vivía en el convento era de cincuenta. Ahora bien, dada la carencia de medios para su manutención, si nada lo remediaba, se verían obligados al «estrecho insufrible de quitar la mitad, cessando mucho Culto de los Santos Martyres, ò al de aver de vivir empeñadissimos, lo que con el tiempo avia de anhiquilarlo todo» (MARTÓN 1737: 573).

La respuesta a la apurada solicitud iba a tardar casi dos años en producirse. En 1594 llegó un desalentador comunicado del monarca diciendo que «no huviesse mas religiosos de los que pudieren sustentarse con la renta actual», a lo que Vaguer volvió a insistir en que «sin el numero de cinquenta no podia subsistir el devido coro de dia y de noche de estas cryptas». Finalmente, Felipe II, en un despacho emitido desde El Escorial el 9 de julio de 1594, concedió licencia al monasterio para sacar de Valencia «setenta y cinco mil ducados de mercaderias a Argel y Berberia en tres años». Resulta, por tanto, indudable que el periodo en que fray Juan se trasladó a Santa Engracia coincidió con un momento particularmente crítico, del que se derivaron repercusiones no solo económicas, sino también psicológicas para sus residentes. En la crónica del monasterio ya mencionada, Martón llega incluso a referirse a la «angustia» y las «turbaciones» que precedieron la llegada de la ayuda monetaria (MARTÓN 1737: 573).

Si la crisis económica generalizada afectó de tal manera a un centro monástico sustentado en gran medida por rentas reales, capellanías y limosnas, el impacto que se observa en muchas áreas rurales fue incomparablemente más grave. Como veremos más adelante, la situación de carestía en que se encontraba la familia del monje iba a desempeñar un papel decisivo en el curso de los acontecimientos. La mayoría de los conflictos y altercados característicos de esta época tenían mucho que ver con las difíciles condiciones de vida padecidas por sus protagonistas, y tras el imponente proceso contra el fraile se escondía una riña entre vecinos con sus consiguientes secuelas de venganza. Según afirmación de uno de los testigos que declararon en el proceso contra fray Juan, sus familiares más cercanos vivían en un extremo de pobreza que rayaba en la inanición:

> Que los dichos Martín Lozano y Gerónima Rubio y sus hijos estaban y vivian con mucha necesidad y pobreza antes de que viniesse a su casa el dicho fray Juan de Santa Ana, y que no tenian aun con que comprar una media de trigo, hasta que el dicho fray Juan de Santa Ana vino al dicho lugar de Ibdes […], que entonces compraron un cahiz de trigo. Y este testigo le oyo dezir a la mujer de Miguel Ybañez, llamada la Romera, que ella les habia prestado dos o tres arnerillos de arina dos dias antes que viniese el dicho fray Juan de Santa Ana, y que se perecian de hambre.
>
> Proceso: 112

Obviamente, el fiscal del rey en el reino de Aragón, al redactar la demanda criminal contra fray Juan, iba a aprovechar esta información para ponerla en estrecha relación con el grave crimen atribuido al reo. Según constaba en la acusación criminal, la familia del fraile vivía en la penuria, entre otras razones, «por haverse jugado y menoscabado la hazienda» el marido de su hermana. De ahí que fray Juan llevara varios años dedicado «a hazer plata falsa [...] aunque en lo publico decia que trataba de hazer imagines y cossas de devocion». Dada la «muy grande y extrema necessidad» en que se encontraban sus parientes, lo que fray Juan perseguía era «hazer que fuessen muy ricos». Mientras tanto, los consolaba y animaba diciéndoles «que se esforçassen y no pasassen pena, que el con su industria los sacaria de necessidad y haria que estuviessen muy ricos y sobrados» (Proceso: 24-25).

3 *CURA SUI ET CURA ALIORUM*

Entre la ilusión de alcanzar un estado de sobrada riqueza y la extrema miseria justificativa del crimen, no obstante, existía un punto intermedio. Del mismo modo, entre la interpretación materialista de las actividades del reo presentada por el fiscal y el ideal alquímico-espiritual defendido por el monje, se abría un ancho horizonte de incertidumbre y ambigüedad. Sea o no cierto que fray Juan podría haber llegado a acuñar —o a intentar obtener— moneda suficiente para remediar la necesidad de sus deudos, si algo resulta patente tras la lectura de los cientos de páginas dedicadas a investigar su caso es que, de serlo, este no constituía su único objetivo. Según el fraile, su intención a corto plazo se reducía a esculpir imágenes sagradas en plata, pero su auténtica meta era descubrir el secreto de la quintaesencia o piedra filosofal. En relación con lo primero, tal como consta en el resumen de su primer interrogatorio ante la justicia episcopal, el reo tenia muchos instrumentos, receptas y advertencias para hazer plata de metales baxos como son cobre o argenvino [...] y aun pretendia [...] que se podia hazer una cruz grande muy buena con harto poco coste, con muchos caliçes. Y para este effecto tenia muchos papeles y cartapaçicos, porque [...] era curioso en trasladar todos los papeles que podia saber desta materia, para escoger lo que fuese bueno, y no para hazer cosa contra leyes del reino ni contra conciencia.

Proceso: 40

En cuanto al método para alcanzar su objetivo final —esto es, la purificación completa de la materia mediante la ansiada piedra—, según fray Juan consistía en ir depurando un metal tras otro, aplicando a cada uno las medicinas dirigidas a lograr su progresivo perfeccionamiento. Por ello, no desdeñaba ninguna receta antes de probarla por sí mismo. De acuerdo con el resumen de su segundo interrogatorio,

> todas las receptas que a sus manos han venido las ha recogido, y lo que trata de purificar es el cobre o arambre o argento vibo en receptas que se juntan con mezcla y ayuda de plata; no lo haze para hazer plata falsa, sino para saber la purificacion de los tales metales y hazer la projection de la piedra mineral en la purificacion que destas purificaciones pareciera mejor.
>
> Proceso: 62

La filosofía en que fray Juan basaba sus experimentos era la misma que había guiado a muchos otros alquimistas anteriores a él desde los tiempos más remotos: la idea básica según la cual cada elemento del mundo creado tiende siempre a la perfección. Teniendo en cuenta que el ritmo de la naturaleza es extremadamente lento, el ideal perseguido por la alquimia consistía precisamente en acortar lo más posible el tiempo natural que a cada elemento le era necesario para alcanzar su nivel de excelencia. Para ello había que buscar un agente capaz de acelerar los procesos espontáneos, una especie de medicina o remedio aplicado a la materia que consiguiera refinarla cuanto antes, lo que implicaba su conversión en oro o plata puros, en un doble sentido material y simbólico. Dicha medicina o agente se identificaba con la mítica piedra filosofal, conocida también como quintaesencia, elixir vital, panacea universal, etc.

En una lectura espiritual, se suponía que su hallazgo se hallaba reservado a unos pocos sabios, que al mismo tiempo que se afanaban en el perfeccionamiento del mundo exterior debían depurarse también a sí mismos, coincidiendo de este modo la catarsis de la materia con la purificación interior de los practicantes del arte. Tal aspiración no figuraba, sin embargo, entre las afirmaciones y los escritos del monje, lo que podría confirmar el escepticismo de algunos estudiosos actuales acerca de las lecturas psicológicas de la alquimia que no han dejado de estar en boga desde comienzos del siglo pasado hasta nuestros días.

Sea como sea, a la vista de la erudición de fray Juan, así como de su pericia en el arte espagírico, el vicario del arzobispo le preguntó en un segundo interrogatorio de dónde había sacado tanta información como para haber sido capaz, él mismo, de redactar varios cuadernos llenos de fórmulas y procedimientos alquímicos. El reo respondió que la mayor parte de los libros que le habían servido de inspiración para componer sus propias recetas se encontraban en la biblioteca del monasterio de santa Engracia, que, según el padre Sigüenza, contaba con más de dos mil volúmenes (Sigüenza 2000: 84). Entre tales libros, fray Juan destacó las obras de Aristóteles, Alberto Magno y santo Tomás de Aquino, pero sobre todo un ejemplar que le había prestado el mismo prior, «cuyo autor se llama

Cuadramo, medico, del qual ha sacado la mayor parte de las receptas y documentos contenidos en sus libros» (Proceso: 70). Sin duda, demostrar que el sensato y bondadoso padre Juan Vaguer se hallaba implicado, aunque fuera mínimamente, en las ocupaciones del monje constituía para este una plataforma inmejorable para la defensa de su causa.

No hay que olvidar que, pese a las sospechas que las actividades de los alquimistas desataban por doquier, los principios en los que se basaba la utopía de alcanzar la piedra filosofal se hallaban íntimamente relacionados con las ideas de un buen número de eruditos y místicos cristianos, en cuyas obras los adeptos de la alquimia pretendían fundamentar la legitimidad de su arte. Sin embargo, la confusión era general, ya que la mayoría de las obras que circulaban acerca de la alquimia se atribuían a autores consagrados que nada tenían que ver con ellas, sin que ninguna voz se alzara para cuestionar dicho estado de cosas. Resulta significativo a este respecto que una figura como Alberto Magno (probablemente, el sabio universal más destacado de la baja Edad Media por haber recuperado la filosofía de Aristóteles e introducido las obras científicas griegas y árabes en el ámbito escolástico) se considerara una de las máximas autoridades en la historia de la alquimia, pese a no haber escrito ninguna obra alquímica propiamente dicha. Su obra más cercana al arte era un libro sobre los minerales (*De mineralibus*), donde trataba de la constitución de estos, así como la posibilidad de su transmutación, que al final solo juzgaba aparente o superficial. Aun así, Alberto constataba que, de todas las artes, la alquimia era la que mejor imitaba la naturaleza, y que conseguía en ocasiones incluso perfeccionarla, lo que, en su opinión, le otorgaba un lugar preeminente en la filosofía natural (Halleux 1982: 57-80).

De manera similar, a Tomás de Aquino (el teólogo más destacado de su época, canonizado en 1323 y declarado doctor de la Iglesia en 1567) se le atribuía la autoría de varios textos alquímicos. Pero, aunque el *doctor angélico* consideraba la alquimia un subapartado de la filosofía natural, lo cierto es que también rechazó explícitamente la idea de la transmutación de la materia. Por contraste, en los tratados apócrifos publicados bajo su nombre se insistía en que el fin de todos los metales era terminar siendo convertidos en oro y plata, siempre que dispusieran del tiempo necesario en la mina para que la acción de la naturaleza pudiera manifestarse. De acuerdo con este tipo de tratados, que en España también se atribuyeron erróneamente tanto al beato catalán Ramon Llull como al médico y teólogo Arnau de Vilanova, la transmutación de los metales podía efectuarse artificialmente, ya que, tal como defendía Aristóteles, lo que existe en potencia puede convertirse en acto. En consecuencia, todo cuerpo compuesto, animal o vegetal, podía ser reducido a mineral, y finalmente a oro o a plata, no solamente por la acción de la naturaleza, sino también mediante la intervención del hombre, o dicho de otro modo, mediante el «arte», en este caso, el arte de la alquimia.

Teniendo en cuenta todo ello, no es de extrañar que, en sus respuestas a los jueces episcopales, fray Juan reconociera abiertamente, sin el menor temor a que ello cuestionara sus buenas intenciones, haber sido capaz de fabricar plata por sus propios medios:

> Preguntado si ha hecho nunca la piedra filosofal, respondio que de las tres piedras, que son animal, vegetal y mineral, probo a vuelta de Nabidad proxime pasada a hazer la mineral en poca cantidad [...] y saco una tabletilla [...] y le salio muy galana plata.
>
> Proceso: 73

El fraile estaba completamente convencido de que, después de toda una vida en pos de la famosa piedra, tras haber arriesgado en el empeño su salud, su reputación y buena parte de sus medios, había conseguido al fin transformar a voluntad cualquier metal en plata. Tal convicción aparecía claramente constatada en uno de los cuatro cuadernos que le fueron requisados por los jueces episcopales. A pesar de la dificultad del lenguaje alquímico en general, se trata del más explícito de los manuscritos pertenecientes al monje, por estar dirigido al hijo de su hermana, su sobrino Jerónimo Rubio, a quien consideraba su más directo heredero. En el primer capítulo del breve tratado dedicado al joven, el fraile expresaba sus objetivos abiertamente:

> Es hora de saber que es la piedra filosofal, tras la que andan los filosofos, y de quien tantas cosas se han escrito y nunca declaran la materia de que se hace ni el *modus faciendi*, sino solo por enigmas y figuras, como sea verdad que es *opus mulierum et ludus puerorum*. La razon que dan para esto es que obra tan preciosa y tesoro tan estimable, don de Dios tan subido, no es razon que sea entendido por gente mesera e ignorante, porque si muchos lo supiesen, ya no seria en quien estuviese estimada y preciosa, ni el oro se estimaria por oro, ni la plata se estimaria por plata [...]. Y asi le cargo a mi heredero la conciencia no venga este secreto a manos de nadie, sino del hijo que viere que mas prudente le sale. Pues, porque la muerte esta *in ianuis* y me siento viejo y no se si tendre lugar de comunicar tanto bien como el Señor me ha comunicado, al heredero de la casa de mi padre, llamado Jeronimo Rubio, determino dexalle en escripto con claridad y sin enigmas el como y de que manera y de que se hace la piedra filosofal.
>
> Proceso: 455

Unas páginas más adelante, tras varios consejos referidos a la búsqueda de un aposento secreto y adecuado, de los materiales idóneos y de los medios económicos y contactos necesarios, en medio de la detallada descripción de las diversas técnicas (fijación, coagulación, destilación, proyección, etc.) destinadas a alcanzar el objetivo deseado, fray Juan incluía un significativo párrafo que da fe de la satisfacción que él mismo sentía acerca de sus logros:

> Solo he sido en esta ciudad de Zaragoza el que ha salido con la victoria de hacer plata, que la vispera de Todos Santos fue examinada en la plateria de esta ciudad y fue dada por buena plata, y labrada y vendida y martillada, y tirada y tocada y en todo examinada, y nadie otro ha salido con tan buena como la mia.
>
> Proceso: 467

¿Podemos deducir de dicha confesión que, efectivamente, el fraile era culpable del crimen del que se lo acusaba? En principio, una cosa era fabricar plata, y otra cosa diferente utilizar dicha habilidad para defraudar al erario acuñando moneda a título particular. En cualquier caso, ya fuera por la dificultad intrínseca del caso o por la benevolencia de la justicia episcopal, la culpabilidad o inocencia del reo nunca llegó a determinarse. La solemne, pero sobre todo prudente, sentencia con que se dio fin al largo proceso de tres años así lo demuestra. Desde nuestro actual punto de vista, lo más interesante de la historia es el hecho de contar con dos versiones de lo ocurrido totalmente opuestas. Según la primera de ellas, fray Juan era un avisado falsificador de moneda que, guiado por la necesidad de socorrer a su familia, no había reparado en medios hasta salirse con su objetivo. Según la segunda versión, el fraile había caído en la trampa de un desaprensivo, con lo cual era completamente inocente de los cargos de los que se lo acusaba. Del engaño propio al ajeno, y de este al desengaño, fuera cual fuera la verdad del asunto, resulta inquietante seguir el desarrollo de dos relatos contradictorios y comprobar cómo ambos presentan una congruencia interna impecable. No es este el momento de detallar estas dos versiones que, como dos ríos paralelos, discurren a lo largo del dilatado proceso, haciéndonos dudar de la posibilidad de llegar a una conclusión definitiva acerca de la culpabilidad del reo. Cuando escuchamos las razones de los acusadores, nos convencemos de que, en efecto, fray Juan fue quien acuñó los cincuenta y tres reales de a ocho falsos que el jurado de Calatayud encontró en la pequeña localidad de Ibdes y que fueron el motivo que desencadenó las acciones judiciales contra el reo y su familia. No obstante, cuando escuchamos los argumentos esgrimidos por el abogado defensor, a pesar de no contar con ninguna prueba decisiva, experimentamos un repentino cambio de parecer: las certezas de los acusadores empiezan a desvanecerse y nos sentimos inclinados a confiar en la inocencia del anciano fraile.

La tentación de exculpar al protagonista de la historia (o historias, en plural) se acrecienta en nosotros, como espectadores cada vez más implicados, al hacernos conscientes del resentimiento acumulado de que eran objeto fray Juan y su familia por parte de quien había sido responsable de iniciar el largo proceso. Según el procurador arzobispal encargado de la defensa del reo, el jurado de Calatayud que presentó la primera acusación era «enemigo declarado» del marido de la hermana de fray Juan, lo que lo llevó a actuar con «grandissimo rencor y mala voluntad» contra él y su familia, incluido el fraile. El motivo de la animadversión entre los dos hombres se remontaba a muchos años atrás, y tenía que ver con ciertas discusiones acerca del arrendamiento de un molino que el cuñado del fraile había impedido efectuar en varias reuniones del concejo, perjudicando los intereses del jurado. Según el abogado defensor, el estado emocional del jurado (su «rancor y pasión») justificaba plenamente su deseo de venganza, que lo había llevado a utilizar todos los medios a su alcance para hundir a su oponente (Proceso: 50-55).

A partir de ahí, como en un juego de espejos, la argumentación del abogado defensor giraba, una vez más, en torno al concepto de lo falso. En perfecta simetría respecto a la primitiva acusación de falsificación presentada contra el fraile, el contrarreflejo de la apología esgrimida por su abogado pretendía mostrar que se trataba de una «falsa relación» llena de «malicia», y que para ello el principal acusador se había valido de «falsos testigos» y «falsas deposiciones». Con los mismos argumentos de quienes pretendían determinar la diferencia entre los verdaderos y falsos alquimistas, el procurador de la defensa fundamentaba la supuesta falsedad de los testigos acusatorios en su mala vida, esto es, en la inmoralidad de sus actos (asesinato, amancebamiento, etc.), y de ahí la nula credibilidad que debía prestarse a sus afirmaciones.

Tratándose de un juicio contra un monedero falso, otro tipo de pruebas más tangibles se presentaron para abonar la «inocencia» del fraile. En este sentido, el testimonio de varios plateros resulta elocuente, porque nos ayuda a entender no solo ciertos aspectos particulares del caso, sino también hasta dónde llegaba el grado de intervención en el mundo natural considerado admisible en la época. De acuerdo con la mayoría de los plateros interrogados, fray Juan no había podido fabricar moneda con los instrumentos que poseía, pero sí «plata legítima» o, al menos, admitida como tal.

Las operaciones de los alquimistas, con su pretensión de imitar y completar lo creado, e incluso de competir con ello, ponían de manifiesto más que ninguna otra actividad humana el eterno debate entre naturaleza y arte: ¿hasta qué punto la naturaleza era perfeccionable por el hombre? ¿Hasta qué punto el arte, en tanto que artificio, no era al fin y al cabo un engaño diabólico, una burda imitación de lo divino? Si alguna conclusión puede derivarse de este proceso es la imposibilidad de trazar una frontera entre una alquimia «verdadera» (asociada al idealismo del fraile) y una «falsa» (basada en sus intereses materiales): ambos aspectos se entremezclan, inseparables de su personalidad y de sus circunstancias. En este sentido, resulta especialmente pertinente la fábula citada por Francis Bacon (1561-1616) en su *Novum Organum* (I, 85) acerca de un padre que dejó a sus hijos una tierra en herencia, asegurándoles que en ella había un tesoro oculto. Los hijos cavaron por doquier sin encontrar nada. Pero el campo, cultivado de aquel modo, fue mucho más fértil: ese y no otro era el tesoro. Según Bacon, así ocurría con la alquimia, lo que bien podría interpretarse como un símbolo de la indistinción entre las facetas espiritual y material del arte (GARCÍA FONT 1995: 19).

La alquimia de fray Juan no constituía una disciplina espiritual heroica en pos de un ideal inalcanzable o, por el contrario, una quimera absurda, basada en creencias supersticiosas. Un error todavía mayor sería calificarla de engaño deliberado o de simple estafa, teniendo en cuenta la vehemente dedicación del fraile a sus experimentos, su intensa convicción interior y su indudable interés en los aspectos teóricos del arte. La alquimia de fray Juan aunaba una fe inquebrantable en la posibilidad de colaborar en la obra divina con el empeño, no menos persistente, de acrecentar la hacienda de sus herederos. Ambas facetas eran compatibles para él, y no le causaban el menor escrúpulo. Convencido de su capacidad para enriquecer a su empobrecida familia, el monje se refería en uno de sus cuadernos a «la grande ganancia de esta multiplicacion», esto es, a la feliz coyuntura del alquimista experimentado, consistente en poder duplicar cada día la riqueza conseguida la jornada anterior (de hecho, el capítulo noveno del cuarto cuaderno, dedicado por el fraile a su sobrino, llevaba como título: «De la grande ganancia de esta multiplicacion»).

Como en el cuento de la lechera, el fraile soñaba despierto y transmitía sus fantasías a su sobrino explicándole cómo, en menos de un mes, cien reales podían transformarse fácilmente en seiscientos setenta y ocho mil cuatrocientos, siempre que pudiera venderse la plata fabricada al ritmo deseado. Lo más probable es que fray Juan nunca llegara a fabricar moneda directamente, pero lo que sí que queda claro es que intentó conseguir la máxima cantidad de esta, aunque fuera con el propósito de favorecer a terceras personas. A sabiendas de que tal habilidad debía mantenerse en secreto, en uno de sus cuadernos se dirigía a su sobrino sin ambages con las siguientes palabras:

> Estais sujeto a que cualquiere hijo de ruin os acuse ante el Virrey o gobernador de la tierra o reyno donde esteis. Y aunque en esto hazer no hay pecado ninguno, ni os castigaran, porque cualquiera puede hazer de su capa un sayo, y en mi casa puedo hacer lo que se me antojare como no sea moneda, empero, por cuanto viene y podria venir daño al rey y aun a la republica […], para remedio de esto hase de procurar tener […] unos moldes de cucharas, o de otra cosa que imprima pieza ya hecha, porque vendiendo vos vuestra plata en pieza ya hecha, encubris ser vos el autor della.
>
> Proceso: 468

Ciertamente, convertir una capa en un sayo constituía una tarea irrealizable, dado el menor tamaño de aquella. Pero convertir cualquier metal innoble en «plata de ley» mediante el arte de la alquimia todavía era posible, aunque arriesgado, a finales del siglo XVI. La popular expresión «Cada uno es libre de hacer de su capa un sayo» se refería, y continúa refiriéndose todavía hoy, a la capacidad de cada individuo para actuar al margen de toda norma impuesta desde fuera. Más o menos culpable, más o menos inocente, con pecado o sin él, fray Juan representa un buen ejemplo de la ambigüedad e indefinición de muchos alquimistas de su época que, como él, se afanaron a alcanzar el secreto de la piedra filosofal al tiempo que procuraban remedio a sus necesidades.

BIBLIOGRAFÍA

CAMPOS y FERNÁNDEZ DE SEVILLA, Francisco Javier (ed.), *La ciencia en el Monasterio del Escorial*, EDES, San Lorenzo del Escorial, 1994.

COPENHAVER, Brian P., *Hermetica. The* Greek Corpus Hermeticum and the Latin Asclepius *in a new English translation, with notes and introduction*, Cambridge University Press, Cambridge, 1992.

ECO, Umberto, *Los límites de la interpretación*, Lumen, Barcelona, 1992, p. 53-54.

FOUCAULT, Michel, *La hermenéutica del sujeto*, Akal, Madrid, 2005.

GARCÍA FONT, Juan, *Historia de la alquimia en España*, MRA, Barcelona, 1995, p. 29.

HALLEUX, Robert, «Albert le Grand et l'alchimie», *Revue des sciences philosophiques et théologiques*, núm. 66 (1982), p. 57-80.

JOHNSON, Trevor, «Holy fabrications: the catacomb saints and the counter-reformation in Bavaria», *Journal of Ecclesiastical History*, vol. 47, núm. 2 (1996), p. 280.

Koyré, Alexandre, *Místicos, espirituales y alquimistas del siglo XVI alemán*, Akal, Madrid, 1981.

Martón, León Benito, *Origen y antiguedades de el subterraneo y celeberrimo santuario de Santa Maria de las Santas Masas, oy Real Monasterio de Santa Engracia de Zaragoza*, Juan Malo, Zaragoza, 1737, p. 550-578.

Newman, William R., *Promethean ambitions. Alchemy and the quest to perfect nature*, The University of Chicago Press, Chicago, 2004.

Proceso contra fray Juan de Santa Ana (1593-1596), Ms., Archivo Diocesano de Zaragoza, Zaragoza.

Santa María, Juan de, *Crónica de la provincia de San José*, primera parte, Imprenta Real, Madrid, 1615, p. 269.

Sigüenza, José de, *Historia de la orden de San Jerónimo*, Junta de Castilla y León, Valladolid, 2000 (1605^1), p. 62.

—, *Instrucción de maestros y escuela de novicios, arte de perfección religiosa y monástica*, Joseph Rodríguez, Madrid, 1712, p. 241-243.

Tausiet, María, «El toque de alquimia: un método casi infalible dedicado a Felipe II por Richard Stanyhurst», en Francisco Javier Campos y Fernández de Sevilla (ed.), *La ciencia en el Monasterio del Escorial*, EDES, San Lorenzo de El Escorial, 1994, p. 525-558.

—, «Zaragoza celeste y subterránea: geografía mítica de una ciudad (s. XV-XVIII)», en François Delpech (ed.), *L'imaginaire du territoire: représentations fabuleuses des lieux et de l'espace péninsulaires en Espagne et au Portugal (XVIe-XVIIe siècles)*, Casa de Velázquez, Madrid, 2008, p. 141-170.

CONSTRUYENDO LA CABAÑA: APROXIMACIONES A LA REALIDAD INTERIOR

Victoria Cirlot

Para Mercedes Güell

El lugar que no es lugar («locus qui est non locus»), como llamaba san Agustín al espacio de la interioridad, reclama delimitación, contorno, forma, materiales; en definitiva, exige visibilidad. Busca sus correspondencias en las arquitecturas existentes o incluso aspira a ser construido. En el siglo XII, época privilegiada en lo que respecta al encuentro del individuo con su interioridad, irrumpen imágenes, como el huerto o el jardín, que sirven a los trovadores para ubicar una nueva conciencia de un yo que siente amor por la dama («ort serrat et clus», decía Peire de Alvernia), al tiempo que los miniaturistas se ocupaban de trabajar en los moldes iconográficos de la época para dar expresión a esos espacios imaginarios y reales, tal y como muestran las magníficas ilustraciones del *Roman de la Rose*, por ejemplo. La alegoría sirvió para animar por medio de figuras los acontecimientos de la experiencia interior. En el siglo XX, fue el psiquiatra suizo Carl Gustav Jung quien comprobó por su propia experiencia y la de sus pacientes que el individuo necesita, tanto en los procesos de graves crisis patológicas como en los de realización de la personalidad, cerrar el círculo o mandala que acoge en su interior el centro, protegido y delimitado por sucesivos cuadrados y círculos, proyección plástica de una realidad interior. En su célebre *Libro rojo*, en el que recogió las prácticas de la imaginación activa o de las fantasías nocturnas en los años de la Primera Guerra Mundial, entre el 1913 y el 1917 y posteriormente hasta 1929, una serie mandálica que muestra un proceso de transformación se siguió de la construcción de la torre de Bollingen, que su editor, Sonu Shamdasani, entendió como el «libro cuarto» del *Libro rojo*, esto es, como la etapa final y la conclusión de los tres primeros libros (SHAMDASANI 2010: 218).

> Desde un principio me resultó evidente que la construiría junto a un lago. El particular encanto de la orilla norte del lago de Zurich me había fascinado siempre y en 1922 compré un terreno en Bollingen. [...] Ante todo no planeé una casa exactamente, sino únicamente un edificio de un solo piso, con un hogar en el centro y los dormitorios junto a los muros, un tipo de vivienda primitiva. Para ello me inspiré en una cabaña africana donde el fuego arde entre dos piedras... En el fondo las cabañas primitivas representan una idea de la totalidad... Desde un principio el torreón se convirtió para mí en un lugar de perfeccionamiento, un seno materno o una figura materna en la cual podía volver a ser lo que soy, lo que fui y lo que seré. El torreón me daba la sensación como si hubiera renacido en piedra. Me parecía el cumplimiento de lo presentido anteriormente y una representación de la individuación.
>
> JUNG 1964: 230-232

Estas palabras de Jung aluden a la necesidad de convertir en *lugar* el *no-lugar*, de encontrarlo, incluso si se da el caso de construirlo. Pero ¿de encontrar qué? ¿De construir qué? *Individuación*, llamó Jung, a todo ese proceso por medio del cual el individuo llega a ser individuo, a desplegarse y a madurar. Algo muy inaprehensible que tiene que ser plasmado de algún modo. Encarnado. Al hablar de la «construcción de la cabaña» me refiero a ese mirar y ver repentinamente un lugar, al encuentro con el paisaje exterior que tiene que ver con lo que sucede en el interior, a la búsqueda de un espacio acogedor y protector, al impulso constructivo que hace de una intuición, muchas veces vaga e incierta, una realidad física y material.

1 LA CABAÑA DE HEIDEGGER

La cabaña es el refugio necesario para realizar aquello a lo que uno está llamado. Así, por ejemplo, no puede haber dudas acerca de la íntima relación entre la cabaña y el pensamiento, o entre la cabaña y la creación lírica, no solo en la tradición oriental, china y japonesa, sino en la occidental, según atestiguan casos tan relevantes como el de Martin Heidegger (CLINE 1997). En su libro sobre la cabaña de Heidegger, Adam Sharr alude a algunos textos del filósofo, entre los que destaca esencialmente dos: con uno de ellos, titulado *Schöpferische Landschaft* («Paisaje creador», título que se dejaron en la traducción castellana) y con el subtítulo *Warum bleiben wir in der Provinz?* («¿Por qué permanecemos en la provincia?») (SHARR 2015), habiéndolo escrito en 1933 mientras era rector de la Universidad de Friburgo, Heidegger renunciaba a la cátedra que le ofrecían en Berlín para permanecer en la provincia, es decir, en la Selva Negra y, más específicamente, en su cabaña de Todtnauberg. El segundo texto lo denominó *Bauen wohnen denken* («Construir habitar pensar»), un título formado por tres verbos que no están separados entre sí ni por comas ni por guiones, sino que se suceden de un modo que expresa la contigüidad de los tres actos. Escrito casi veinte años después que el anterior, comienza preguntándose por el significado del verbo *bauen* ('construir') para responder que, en alemán antiguo, *buan* significaba 'habitar' ('wohnen') (Heidegger 1951). Aquí me referiré solo a *Paisaje creador*, que es donde el filósofo habla de su cabaña en Todtnauberg, y donde una de sus primeras afirmaciones ya genera desconcierto: «Yo mismo nunca miro realmente el paisaje» («Ich selbst betrachte eigentlich die Landschaft gar nie») (Heidegger 1933). Con ello, el autor elimina de raíz toda tentación estetizante para anunciarnos algo mucho más radical que comienza con la comprensión del ser-en-el-mundo como ser-en-la cabaña, esto es, el *Hüttendasein*:

> La gravedad de las montañas y la pesantez de su roca primigenia, el lento y deliberado crecimiento de los abetos, el brillante y sencillo esplendor de las praderas en flor, el correr del arroyo de montaña en la larga noche de otoño, la austera sencillez de las llanuras cubiertas de nieve; todo esto cambia y fluye y penetra la diaria existencia allá arriba, y no en forzados momentos de inmersión «estética» o de artificial empatía, sino únicamente cuando la propia existencia permanece en su trabajo.

Se trata, en efecto, de la existencia diaria (*tägliches Dasein*) contrapuesta aquí «a los forzados momentos» (*gewollten Augenblicken*) «de inmersión estética o de artifical empatía» (*geniesserischen Versenkung und künstlichen Einfühlung*). *Dort oben* es el allá arriba contrastante con el abajo del mundo universitario y académico, es decir, de la vida en Friburgo. ¿Y en qué consiste esa vida diaria?

Es solo el trabajo el que nos abre un espacio para la realidad que son estas montañas (*Bergwirklichkeit*). El curso del trabajo queda incrustado en lo que sucede en esta región (*Der Gang der Arbeit bleibt in das Geschehen der Landsachft eingesenkt*).

El trabajo, para Heidegger, es naturalmente el pensamiento, que lo conecta con el paisaje porque se incrusta en él, siguiendo sus cambios, acompasándose a los ritmos de los elementos que lo conforman.

> En una noche cerrada de invierno, cuando una salvaje y poderosa tormenta de nieve desata su furia alrededor de la cabaña y oculta y cubre todo, ese es el momento perfecto (*die hohe Zeit*) para la filosofía. Entonces sus cuestiones se vuelven sencillas y esenciales. El trabajo sobre cada pensamiento solo puede hacerse duro y riguroso. La lucha para moldear algo en lenguaje es como la resistencia de los altos abetos contra la tormenta.

El paisaje, en su existir, le presta modos para comprender en qué consiste el trabajo del pensar y su expresión a través del lenguaje. El habitante de la cabaña no está ante o frente o contra el paisaje, sino que vive inmerso en él porque la cabaña le permite eliminar el dentro y el fuera, la distinción entre sujeto y objeto, ya que el paisaje no es un objeto que está frente a él (*Gegenstand*), sino que él y su pensar, que es su trabajo, están incrustados, hundidos (*eingesenkt*) en el paisaje. El pensar que Heidegger entiende como trabajo es similar al trabajo del campesino, del pastor, pero no solo se parece, sino que está allí en medio, pertenece a ese mismo mundo (*Sie gehört mitten hinein in die Arbeit der Bauern*). Un requisito indispensable para el habitante de la cabaña es la soledad. Y en este punto Heidegger hace una distinción fundamental entre lo que denomina *Alleinsein* y lo que llama *Einsamkeit*:

> Los hombres de la ciudad se maravillan a menudo de este largo y monótono quedarse solo (*Alleinsein*) entre los campesinos y las montañas. Sin embargo, eso no es ningún mero quedarse solo (*Alleinsein*), pero sí soledad (*Einsamkeit*). En verdad, en las grandes ciudades el hombre puede quedarse solo (*allein sein*) como apenas le es posible en cualquier otra parte. Pero allí nunca puede estar a solas (*einsam*). Pues la auténtica soledad tiene la fuerza primigenia que no nos aísla (*vereinzelt*), sino que arroja (*loswirft*) la existencia humana total en la extensa vecindad de las cosas.

El filósofo ha hablado de la existencia en la cabaña como de la vida auténtica, posible gracias al individuo que se hace uno con el paisaje por medio del trabajo, que es lo que marca el ritmo, y en una soledad que es apertura y no aislamiento.

2 ENSOÑACIONES: GASTON BACHELARD

La cabaña existe en nosotros como una imagen, junto con muchas otras que corresponden a espacios soñados. En nuestro interior dormita la imagen de la casa deseada. En la misma casa donde habitamos construimos mentalmente un nido. En una esquina de una habitación creamos, en nuestros juegos infantiles, un espacio en el que sentimos la ilusión de encontrarnos en un lugar propio al que podemos retirarnos siempre que lo necesitemos. Salimos a la ciudad en busca de arquitecturas fantásticas y encontramos la casa de cristal, azul y aérea, entre cielo y tierra. En 1957 Gaston Bachelard publicó un libro, *La poétique de l'espace*, en el que estudiaba la *topofilia* manifestada en las imágenes que florecen en la literatura. Esta obra se sumaba a sus anteriores estudios sobre la imaginación, en especial a aquellos concernientes a la floración de imágenes agrupadas según los cuatro elementos del fuego, la tierra, el aire y el agua. Ya al principio de su estudio, Bachelard cita a Jung para referirse a su idea según la cual la estructura del alma puede ser visualizada como una casa de diversos pisos, cada uno correspondiente a una época histórica determinada (BACHELARD 1957: 17). En efecto, la noción de *imagen* de Bachelard es muy próxima a la de arquetipo del psiquiatra suizo por lo que se trata de imágenes impresas en el alma humana desde pasados remotísimos, desde la noche de los tiempos en la que hay que situar el inconsciente colectivo. Su propósito es el de estudiar imágenes muy simples:

> Queremos examinar, en efecto, imágenes muy simples, las imágenes del espacio feliz. Nuestras investigaciones merecerían por esta orientación el nombre de *topofilia*. Tratan de determinar el valor humano de los espacios de posesión, de los espacios defendidos contra las fuerzas adversas, de los espacios amados.

Al referirse concretamente a los sueños de cabaña, indica que estos aparecen porque «deseamos vivir en otro lugar, lejos de las preocupaciones ciudadanas. Huimos con el pensamiento para buscar un verdadero refugio» (BACHELARD 1957: 17). Seguidamente da entrada a lo que denomina una imagen-grabado:

> ¡La cabaña del eremita es efectivamente un grabado *princeps*! Las verdaderas imágenes son grabados. La imaginación las graba en nuestra memoria. [...] Debe recibir su verdad de la intensidad de su esencia, la esencia del verbo *habitar*. La cabaña es la soledad centrada. [...] Nos dirigimos a la soledad extrema. El eremita está solo ante Dios. La cabaña del eremita es el antitipo del monasterio. En torno a esta soledad centrada irradia un universo que medita y que reza, un universo fuera del universo. La cabaña no pue-

de recibir ninguna riqueza «de este mundo». Tiene una feliz intensidad de pobreza. La cabaña del eremita es una gloria de pobreza. De despojo en despojo nos da acceso a lo absoluto del refugio. Esta valoración de un centro de soledad concentrada es tan fuerte, tan primitiva, tan indiscutible, que la imagen de la luz lejana sirve de referencia para imágenes menos netamente localizadas.

BACHELARD 1957: 46-47

También habría que añadir que es el lugar donde el eremita libra los combates terribles contra las tentaciones, contra la acidia o melancolía, como nos muestra la tradición iconográfica europea. En la poética del grial, la cabaña, la cueva o la celda del ermitaño situada en lo profundo del bosque es el lugar al que el caballero accede para que el ermitaño le desvele los significados de los acontecimientos. El ermitaño es el hermeneuta del lado esotérico de la vida, al que el caballero debe recurrir para comprender la dimensión oculta de sus aventuras. También es el lugar donde el caballero recibe el cuidado del ermitaño y a su vez aprende a cuidarse a sí mismo ejerciendo la *epimeleia heautou*, la *cura sui*, que tanto y tan bien ocupó a Pierre Hadot o Michel Foucault. En el *Parzival* de Wolfram von Eschenbach hay una descripción de la gruta (*gruft*) del ermitaño en la que aparecen con toda intensidad su carácter de refugio contra la intemperancia climática del exterior y el recogimiento y la intimidad con la que el caballero vive junto al ermitaño. En *Perlesvaus o El alto libro del grial* el protagonista adquiere un nombre nuevo mientras vive en la cueva del ermitaño y, en lugar de llamarse Perlesvaus, se llama Parluifet ('Hecho por él mismo'), lo que alude a la autorrealización que acontece en aquel lugar, necesariamente curvo, porque como sostuvo Peter Sloterdijk lo que sucede entonces es la «hechura autoplástica» dentro de un espacio operativo curvado, donde las acciones repercuten en el propio agente, los trabajos en el trabajador, las comunicaciones en el que se comunica, los pensamientos en el pensante y los sentimientos en el sentiente.

CIRLOT 2016

Pero justamente a Gaston Bachelard se debe la intuición de que «la intimidad es redonda», así como su fenomenología de lo redondo, que será el punto de partida para *Esferas* de Sloterdijk, como más adelante veremos. Reuniendo frases totalmente dispersas como la de Jaspers («Todo Dasein aparece redondo»), Van Gogh («La vida es posiblemente redonda»), Joë Bousquet («La vida es redonda») o La Fontaine («Una nuez me parece completamente redonda»), Bachelard concluía:

> No es la percepción la que puede justificar estas imágenes. No se las puede tomar como metáforas... Esta redondez del ser, o esta redondez que evoca Jaspers no puede aparecer en su verdad directa más que en la meditación más puramente fenomenológica.
>
> BACHELARD 1957: 208-209

Es una redondez invisible, pero las coincidencias parecen atestiguar su incuestionable verdad.

3 FUERZA CONFIGURADORA: HERNY CORBIN

«Todo no es sino ceniza y polvo, todo, salvo el Templo en nuestro interior. Está en nosotros, con nosotros, desde los siglos de los siglos.» Con este epígrafe de Vladimir Maximov se inicia *Temple et contemplation. Essai sur l'Islam iranien*, de Henry Corbin. Este libro, publicado póstumamente en 1980, recoge cinco textos, uno de los cuales está fechado en 1950, otro en 1965, con expresa mención al coloquio Eranos de Ascona, y los tres últimos se sitúan entre el 1972 y el 1974. En esta obra Corbin indaga acerca de la *Imago Templi*, con la que abandonamos las cabañas de la existencia terrestre y de la ensoñación imaginativa para adentrarnos en el ámbito de lo sagrado. ¿Qué es el templo? Al final del libro, Corbin establece la relación etimológica entre *templo* y *contemplación*. La palabra latina *templum* designa un vasto edificio descubierto por todas partes, por lo que la vista puede observar atentamente todo el campo de horizonte. *Contemplar* significa entonces ver el cielo desde el templo que define el campo de la visión. La palabra connota la idea de un lugar de visión. El templo es así el órgano de la contemplación. Advierte Corbin que no debe confundirse *introspección* o *introversión* con *contemplación*, la cual no puede existir sin el templo (CORBIN 1980: 420). A Corbin le interesa la dimensión real del templo, pero sobre todo la «imaginal», es decir, la imagen del templo, de modo que esta temenología (de *témenos*, en griego 'templo') se inscribe dentro del tema central de su obra, que no es otro que el de la imaginación creadora y el *mundus imaginalis*, descrito aquí como la «confluencia de los dos mares». Toda la investigación corbiniana acerca del pensamiento iraní antiguo se centra en este mundo intermedio en el que el espíritu se corporeiza y el cuerpo se espiritualiza. En *Templo y contemplación* da entrada a un concepto fundamental, que es el de la fuerza configuradora (*vis configuratrix*), pero considera que «ello solo puede tener sentido a condición de que dispongamos de un espacio donde proyectar la totalidad de esa forma». Se trata, efectivamente, de un espacio que naturalmente no coincide con el universo sensible. Continúa diciendo Corbin que sin ese mundo (o sea, el *mundus imaginalis*) la idea de las formas espirituales subsistentes sería impensable. Según la opinión corriente, filosófica o profana, lo que es espiritual no tiene forma; la forma sería siempre la forma configurando una materia, en el sentido de materia física.

Corbin 1980: 200

A diferencia de esta idea común, Corbin despliega una hermenéutica de los antiguos textos iranios a partir de la cual el universo del espíritu alcanza plena visibilidad en las imágenes, que son formas creadas por el alma. El cuerpo sutil de luz depende y resulta del poder configurante, «ideoplástico», del alma (Corbin 1980: 210). Las formas espirituales se distinguen de las formas materiales. Lo que caracteriza las formas espirituales es que el centro es a la vez lo que es rodeado y lo que rodea, lo que es contenido y lo que contiene, mientras que lo característico de las formas materiales es que el centro sea simplemente rodeado (Corbin 1980: 232). En lo que respecta al templo y se refiere concretamente al templo de la Ka'ba, Corbin lo entiende como el homólogo de los templos de los universos espirituales. Vemos como se entrecruzan así las imágenes y las construcciones arquitectónicas materiales, derivando estas últimas de las primeras, pues dentro del platonismo que domina la filosofía irania no es la percepción la que determina la imaginación, sino a la inversa: reconocemos las formas materiales porque hemos imaginado las formas espirituales. Con todo, las formas encarnadas en la tierra y lo que les acontece son determinantes en el tiempo histórico. La destrucción del templo de Salomón (586 a. C.), y la del Segundo Templo reedificado por Zorobabel (70 d. C.), supuso el exilio del hombre, esto es, su abandono en un mundo convertido en una cripta. La norma de los exiliados queda centrada en la reconstrucción del templo, porque su norma es la de luchar contra la desacralización del mundo. Con esto se da entrada al *templarismo*, es decir, a la creación de una casta caballeresca destinada a la protección del templo en su realidad material y espiritual. El templarismo tuvo en Europa una época privilegiada con los caballeros templarios, desde el siglo XII al XIV, y conoció a partir del siglo XVIII un resurgimiento. Pero Corbin advierte que

> esta reconstrucción no será definitiva e inmortal si no es la construcción del templo más allá del tiempo de este mundo. La destrucción del templo es la catástrofe del origen. Su reconstrucción no puede ser sino una restauración cósmica.
>
> CORBIN 1980: 307

Acerca del encuentro entre el templo material y el espiritual, precisa que

> para que el templo material y el templo inmaterial simbolicen uno con el otro [esta es una expresión propiamente corbiniana, la de «simbolizar con»], es necesario precisamente que uno y otro sean arrancados del aislamiento de un mundo sin correspondencias y percibidos en el nivel donde se espiritualizan los cuerpos y se corporeizan los espíritus.
>
> CORBIN 1980: 333

Dicho de otro modo, el templo material alcanza pleno sentido si corresponde a la *Imago Templi* dentro de un universo donde todo está íntimamente relacionado y unido, y en el que no se ha roto la comunicación entre cielo y tierra. Esta es una precisión fundamental para comprender el modo en que lo imaginario se relaciona con lo material y físico. Corbin alude a una historia muy expresiva de ese momento de ruptura: cuando el templo de Salomón fue entregado a las llamas por Nabucodonosor, los sacerdotes llevaban en sus manos las llaves del templo; subieron al techo del santuario y desde allí clamaron al cielo diciendo que, como no podían cumplir con su cometido en el templo, que el Señor del mundo tomara las llaves en su mano. Lanzaron las llaves al cielo y apareció una mano que las recogió. De inmediato, Corbin reconoce el gesto de la mano saliendo del cielo y su supervivencia en el ciclo del grial, en concreto, al final de la *Queste del saint Graal*, donde después de la muerte de Galaad una mano surge del cielo para llevarse el grial que, a partir de ese momento, se hará invisible al mundo (CORBIN 1980: 291). Pero, a pesar de todo, la *Imago Templi* sobrevive, queda como un resto, una huella: «Esta imagen es lo que nos queda a nosotros. Nada más, pero nada menos.» (CORBIN 1980: 421) Es justamente gracias a ella por la que se reconoce el simbolismo del templo en los textos escritos y en la arquitectura sagrada. En el Libro de Ezequiel se encuentra una perfecta *Imago Templi*, imagen que corresponde a una realidad sobrenatural, y que prefigura la ciudad-templo del Apocalipsis de san Juan, o sea, la Jerusalén celeste. La teología del templo de Ezequiel pasa por cuatro grandes momentos:

1 La ruina del templo por la ausencia de la Shekina y por la Gloria de Yahveh.
2 El templo espiritual del exilio: Dios es entonces él mismo el templo.
3 El retorno de la Gloria y de la Shekina: la restauración del templo.
4 La visión del nuevo Templo sobre la alta montaña como percepción visionaria de una restauración cósmica (CORBIN 1980: 308).

Corbin nos alerta de que la *Imago Templi* ezequeliana no puede ser confundida con el templo terrenal restaurado, el segundo templo edificado por Zorobabel (515 aC), y traza una línea de la imagen que va de Ezequiel a Filón y de este al maestro Eckhart y Robert Fludd, en cuyos textos encontramos el alma como templo, vaciada y a la espera de Dios. Corbin ve una perfecta encarnación de la *Imago Templi* ezequeliana en Jerusalén, en el *Dôme du Rocher*, también mal llamado mezquita de Omar. El monumento debe su nombre al hecho de que se eleva sobre la roca donde, según la tradición, se encontraba el santo de los santos del antiguo templo. Balduino II, rey de Jerusalén donó el edificio a los templarios, y a partir de entonces se convirtió en *Templum Domini*. El edificio con la forma de un octógono regular debía ser el prototipo de las iglesias templarias construidas en Europa (CORBIN 1980: 372). La rotundidad constituyó una de las características más destacadas de aquellas iglesias, al igual que el templo del grial, tal y como fue imaginado por Albrecht von Scharfenberg en el *Neuen Titurel*.

4 EL CASTILLO INTERIOR: MICHEL DE CERTEAU

Si existe un ámbito privilegiado en la reflexión sobre el espacio interior, diría que este le corresponde a la mística. Pues es en la mística donde se registraron de un modo sistemático las experiencias de la interioridad a las que se proporcionaron los marcos y el orden necesarios para llegar a comprenderlas. En *La fable mystique* (1982), Michel de Certeau reservó una tercera parte («La escena de la enunciación») para hablar del «país interior», esa «extraña región», ese «lugar invisible y silencioso»:

> Como el cielo en el que se ejecutan las acciones de los dioses antiguos, la «región de lo interior» es un lugar de movimientos —decisiones, victorias, derrotas, etc.— que no se inscriben todavía en las coyunturas de la vida social. Lo mismo ocurre en la vida intelectual. Un «pensamiento» puede formarse «de repente», antes de que asome la empresa de formularlo en fonemas o trazarle un camino en una escritura. Este «acontecimiento interior» a veces es tan intenso que hace irrisoria o imposible su producción verbal o escritural.

Michel de Certeau denomina también a la región interior «teatro de operaciones relámpago» y acude a Plotino para determinar la frontera de esa zona peculiar:

> «Lo interior» es lo que «depende de nosotros». «Haced desde ahora todo lo que depende de vosotros», pedían los místicos, y Plotino intentaba, precisamente, especificar «lo que depende de nosotros» —o del sabio. La frontera que define «lo interior» bordea lo que no depende de nosotros, a saber, las circunstancias (que son resultado de la «fatalidad»), y aísla así el dominio de la intención. […] En otras palabras, lo interior es la región donde la voluntad es «dueña de sí misma». Región del querer «puro» (*psilos*, desnudo, simple), sin mezcla de circunstancias que no provienen de él —como un laboratorio en el que se aislara un cuerpo.
> CERTEAU 2006: 170-1

En la tradición estoica, tan bien estudiada por Pierre Hadot para tratar el cuidado de sí, existe una constante diferenciación entre «lo que depende de nosotros» y «lo que no depende de nosotros», lo cual implicará una inmediata conciencia de sí y de ese espacio interior como el espacio de la voluntad (Hadot 2006: 27). Al ocuparse de Teresa de Ávila, Michel de Certeau concibe este país interior como el lugar de la enunciación del sujeto:

> Este yo habla en el lugar (y en lugar) del Otro, también necesita un espacio de expresión, que corresponderá a lo que el mundo era para el decir de Dios. Una ficción del mundo será el lugar en el que se producirá una ficción del sujeto hablante —si por «ficción» entendemos lo que sustituye (provisionalmente) y representa (contradictoriamente) al cosmos que servía de lenguaje al Hablar creador. También esta figuración de espacio, pues, se instala en el umbral del discurso místico. De un modo imaginario, abre un campo al desarrollo de este discurso. Le posibilita un teatro de operaciones. Es el espacio, necesariamente ficticio, del discurso. Este espacio también constituye un teatro del interior.
>
> Certeau 2006: 188

Esta concepción del espacio interior como ficción, en tanto que sustituto y representación, se encuentra directamente formada tanto por la idea de Michel de Certeau de lo que es la mística —según la cual la fábula mística nace de una carencia, justamente de la ausencia de Dios— como de su exégesis de los textos teresianos en los que ese lugar es una «morada prestada», necesaria ficción del alma, que se configura como «una página donde escribir, un círculo donde jugar, un jardín donde circular» (Certeau 2006: 188-189). De ahí que en la obra teresiana el espacio interior se asimile al «libro vivo». Y así Certeau concluye:

> En este sentido, el «castillo» no solo constituye un mismo teatro de representación para estos tres temas; es un espacio de notación que permite ordenar «modos» (o medidas), paralelismos y combinaciones de unos con otros.

Los tres temas o registros de los que está hablando son el

decir o la oración, el alma y la escritura, y compara el castillo con el laúd en las tablaturas de la época: las localizaciones sobre las seis cuerdas (o líneas) hacían posible, mediante un sistema de letras, la producción de canciones para diversas formas de música y de instrumentos.

> El castillo de las siete moradas también organiza un espacio formal de transcripción sobre el que Teresa cartografía «arias» que son tocadas alternativamente, o simultáneamente, sobre la oración, sobre el alma o sobre el libro. Este castillo regula un concierto.
>
> CERTEAU 2006: 189

Finalmente, compara el castillo teresiano con el «castillo de la salvación» que Robert Fludd dibujó en el frontispicio de su *Integrum morborum mysterium* en la edición de Fráncfort de 1631, considerando que el «plano» de Fludd con sus torres, circulaciones, sistemas de entradas y salidas, bien podría «ilustrar» el castillo de Teresa (CERTEAU 2006: 326-327). El espacio interior alcanzó con la mística, en los siglos XVI y XVII, su máxima sofisticación.

5 LA INTIMIDAD DE LO REDONDO: PETER SLOTERDIJK

Gaston Bachelard y Martin Heidegger confluyen en el proyecto *Esferas* de Peter Sloterdijk, destinado a dar cuenta de un espacio del que nada sabe la física. En efecto, en el volumen I de *Esferas*, el filósofo expresa con claridad las deudas de su proyecto con sus antecesores:

> Si hubiéramos de evocar un genio para la primera parte de la empresa *Esferas*, sería ante otros muchos Gaston Bachelard, que con su fenomenología de la imaginación material, sobre todo con sus estudios sobre el psicoanálisis de los elementos, puso a nuestra disposición un tesoro de intuiciones brillantes a las que es preciso volver siempre.
>
> Sloterdijk 2003: 99

Si aquí cita concretamente *La terre et les rêveries du repos* (1948), todo este primer volumen viene precedido por un epígrafe extraído de la *Poética del espacio* en que Bachelard se refiere a la «intimidad de lo redondo», de modo que toda la investigación filosófica contenida al menos en este primer volumen se encontraría bajo sus auspicios. Con todo, y hacia la mitad del libro, al ocuparse de *La doctrina del lugar existencial de Heidegger,* Sloterdijk inscribe el proyecto *Esferas* en un «Ser y espacio» subyacente al «Ser y tiempo»:

> Pocos intérpretes de Heidegger parecen tener claro que bajo el sensacional título programático de *Ser y tiempo* se esconde también un tratado germinalmente revolucionario sobre Ser y espacio.
>
> Sloterdijk 2003: 305

Al *Dasein* heideggeriano corresponde lo que Sloterdijk denomina «ser-en-esferas», de tal modo que

> el presente proyecto *Esferas* puede entenderse también como un intento de desenterrar —al menos en un aspecto esencial— el proyecto *Ser y espacio*, subtemáticamente implícito en la obra temprana de Heidegger.
>
> Sloterdijk 2003: 312

El primer volumen de Sloterdijk visualiza ese «ser-ahí» como un «ser-en-esferas» que alude al modo interior del *ser* que excluye la soledad:

Pero el habitar en esferas no puede explicitarse pormenorizadamente mientras el ser-ahí sea comprendido sobre todo desde un supuesto impulso esencial a la soledad. La analítica del dónde existencial exige poner entre paréntesis todas las sugestiones y estados de ánimo de soledad esencial, para cerciorarse de las estructuras profundas del ser-ahí acompañado y complementado. El acelerado giro de Heidegger a la pregunta por el *quién* deja atrás un sujeto existencial solitario, débil, histérico-heroico, que piensa ser el primero en morir y vive en la incertidumbre, quejándose, respecto de los rasgos más escondidos de su inclusión en intimidades y solidaridades.

SLOTERDIJK 2003: 311

Para aproximarnos al espacio interior del que se ocupa Sloterdijk en esta obra, comencemos por aclararnos acerca de la esfera misma:

A la pregunta de inspiración gnóstica «¿dónde estamos cuando estamos en el mundo?» es posible darle una respuesta actual competente. Estamos en un exterior que sustenta mundos interiores. [...] Por eso tiene hoy más sentido que nunca la indagación de nuestro *dónde*, puesto que se dirige al lugar que los hombres crean para tener sitio donde poder existir como quienes realmente son. Este lugar recibe el nombre de *esfera*, en recuerdo de una antigua y venerable tradición. La esfera es la redondez con espesor interior, abierta y repartida, que habitan los seres humanos en la medida en que consiguen convertirse en tales. Como habitar significa siempre ya formar esferas, tanto en lo pequeño como en lo grande, los seres humanos son los seres que erigen mundos redondos y cuya mirada se mueve dentro de horizontes.

SLOTERDIJK 2003: 36-37

La fenomenología de lo redondo augurada en la *Poética del espacio* de Bachelard encuentra en esta obra de Sloterdijk un pleno desarrollo. La esfera invisible reúne no al individuo solo, sino a dos, que en la tradición judeocristiana se identifican con Dios y Adán. La formación del hombre a imagen y semejanza implicará que desde el principio Dios y el hombre forman «una unión diádica que solo tiene consistencia como bipolaridad desplegada» (Sloterdijk 2003: 49).

> Si el Dios judío y el hombre prototípico se vuelven uno hacia otro, presentándose los respectivos lados de contacto de su ser, forman juntos una esfera común de espacio interior. Lo que aquí se llama *esfera* sería, por consiguiente, en una comprensión primera y provisional, un globo de dos mitades, polarizado y diferenciado desde el comienzo, ordenado interiormente sin embargo, subjetivo y capaz de sensibilidad: un espacio común de vivencia y de experiencia, dúplice y único a la vez.
>
> Sloterdijk 2003: 51

Esta invisibilidad de la esfera procede precisamente de ser una forma espiritual. Sloterdijk entiende así la relación entre esfera y espíritu:

> De acuerdo con la formación de esferas, lo que la tradición llama espíritu se extiende en origen espacialmente. Según su forma fundamental, la esfera aparece como una burbuja de gemelos, como un espacio elipsoide de espíritu y vivencia con dos habitantes al menos, polarmente dedicados y pertenecientes el uno al otro. Vivir en esferas significa, por tanto, habitar en lo sutil común. El objetivo de este libro en tres volúmenes es probar que el ser-en-esferas constituye la relación fundamental para el ser humano, una relación, ciertamente, contra la que atenta desde el principio la negación del mundo interior y que ha de afirmarse, reconstituirse y crecerse continuamente frente a las provocaciones del Fuera. En este sentido, las esferas son también conformaciones morfo-inmunológicas. Solo en estructuras de inmunidad generadoras de espacio interior pueden los seres humanos proseguir sus procesos generacionales e impulsar sus individuaciones.
>
> Sloterdijk 2003: 52

En el vocabulario de Sloterdijk, la esfera es inmunológica, pues se origina como una actividad del espíritu que protege al mismo tiempo que busca protección. Advierte Sloterdijk que «la sublime esfera dúplice-única está condenada a estallar» y que «lo que se llamó expulsión del paraíso es un título mítico para la catástrofe esferológica primitiva...» (SLOTERDIJK 2003: 55). Pero a la explosión de esa primera esfera diádica, recuerdo de otra arcaica y prehistórica, siguen otras muchas destinadas a acoger a un número mayor de integrantes. Son esferas mucho más flexibles y adaptables, cambiantes y sustituibles, rasgos todos ellos que indican un claro proceso de maduración.

6 LA TIENDA MÁGICA: LARS VON TRIER

En el film *Melancholia*, de Lars von Trier, estrenado en 2011, la construcción de la cabaña alcanza gran intensidad significativa. El film comienza y acaba con escenas apocalípticas del fin de mundo y el resto se estructura en dos partes simétricas que llevan el nombre de dos hermanas, Claire y Justine, esencialmente opuestas, pues mientras que la primera es una mujer depresiva y melancólica, es decir, que posee los rasgos del planeta Melancholia que amenaza con chocar con la Tierra destruyéndola, la segunda, Justine, es en cambio una mujer terrenal que se ocupa de su familia y vive con su marido y su hijo en una magnífica mansión con un inmenso jardín. Si la primera parte del film pone de manifiesto la fragilidad de Claire, justamente en el día de su boda, y el cuidado que le dedica su hermana Justine, en la segunda, en cambio, lo que emerge es la incapacidad de Justine para afrontar algo nada banal: el fin del mundo. En este caso, se trata de la impotencia angustiada de Justine frente a la serena sabiduría de Claire. Cuando la terrenal Justine le propone a su melancólica hermana que esperen el trágico momento de la colisión planetaria en la terraza de su casa tomando una copa de vino, Claire se indigna. A partir de este momento, comienza la acción creadora de Claire: se marcha al bosque con el hijo de su hermana, que es todavía un niño, y allí empiezan a cortar y recoger ramas para hacer la cabaña. Es interesante la contraposición entre la absoluta inconsistencia de lo que en el film se denomina «tienda mágica», formada por unos cuatro troncos o ramas dispuestos en forma de cono, y la sensación de seguridad que ofrece. También resulta conmovedor el contraste entre la opulencia de la gran mansión que de nada sirve y la extrema pobreza de la «tienda mágica», que no por esto le resta eficacia. En efecto, todo el poder y la riqueza del mundo nada pueden contra el rumbo decidido del planeta Melancholia. Lo único que servirá es la repetición de un gesto ritual aprendido desde los siglos de los siglos: la creación del espacio protector. Lars von Trier se centra en el rostro de los tres personajes en el interior de la cabaña recién construida, el de las dos hermanas y el del niño: Justine no puede dejar de expresar una emoción convulsa con un llanto incesante, frente a la contención de Claire, y a la paz y la confianza que se desprenden del rostro del niño. Pero Lars von Trier no deja fuera de campo la colisión trágica, sino que la muestra en toda su espantosa magnificencia, acompañada por el preludio del *Tristán* wagneriano que no nos ha dejado en toda la película. Contra lo que pudiera esperarse, el final no nos sitúa ni en la inquietud, ni en la angustia, ni en lo siniestro, y ello es sencillamente porque se ha realizado la acción correcta y justa. El hecho de que el fin sea inevitable no es motivo para que el individuo no deba responder. Y aquí la respuesta de Claire es esplendorosa, porque no solo ha creado el espacio protector, sino que en el espacio creado tiene lugar la unión de esos tres seres. El amor se ha hecho presente en una cabaña que parece haberse convertido en un templo.

La existencia en la cabaña y su sueño, la *Imago Templi* y la dialéctica de la destrucción/construcción del templo, el castillo o la morada interior y la creación de esferas, no son sino diversas formas, espirituales y materiales, de una realidad interior. Jung, Heidegger, Bachelard, Corbin, Sloterdijk o Lars von Trier nos han hablado de la absoluta necesidad de crear el espacio interior que protege y que a su vez exige cuidado y protección; de cómo el sentido profundo de las arquitecturas materiales tiene que ver con el mundo de las imágenes, de cómo el simbolismo brota de la convergencia de la imagen y la forma material. Paredes cristalinas que tienden a lo redondo o muros de piedra que se abren a un paisaje porque el ser que habita dentro ha convertido la cabaña en una forma espiritual que contiene y a la vez es contenida, suprimiendo así la diferencia entre sujeto y objeto y haciendo posible la contemplación.

BIBLIOGRAFÍA

Bachelard, Gaston, *La poétique de l'espace*, Presses Universitaires de France, París, 1957 (traducción castellana: *La poética del espacio*, Fondo de Cultura Económica, México 1965).
Certeau, Michel, *La fable mystique I, XVIe et XVIIe siècle*, Gallimard, París, 2006 (1982^1) (traducción castellana: *La fábula mística (siglos XVI-XVII)*, Siruela, Madrid, 2006).

Cirlot, Victoria, «El cuidado de sí de la caballería en la *Queste del Saint Graal*», en Fabio Merlini / Ricardo Bernardini (ed.), *Eranos Yearbook. Annale di Eranos*, núm. 72 (2013-2014), Einsiedeln, 2016, p. 535-578.

Cline, Ann, *A hut of one's own. Life outside the circle of architecture*, Massachusetts Institute of Technology, Cambridge, 1997.

Corbin, Henry, *Temple et contemplation. Essai sur l'Islam iranien*, Flammarion, París, 1980 (traducción castellana: *Templo y contemplación. Ensayos sobre el Islam iranio*, Trotta, Madrid, 2003).

Hadot, Pierre, *Ejercicios espirituales y filosofía antigua*, Siruela, Madrid, 2006.

Heidegger, Martin, «Schöpferische Landschaft: Warum bleiben wir in der Provinz?», en Guido Schneeberger (ed.), *Nachlese zu Heidegger. Dokumente zu seinem Leben und Denken*, Suhr, Berna, 1962, p. 216-218 (traducción castellana: «¿Por qué permanecemos en la provincia», *Eco: Revista de Cultura de Occidente*, VI, 5 (1963), p. 472-476).

—, «Bauen wohnen denken», en idem, *Vorträge und Aufsätze*, Neske, Pfullingen, 1951, p. 145-162 (traducción castellana: «Construir habitar pensar», en *Conferencias y artículos*, Serbal, Barcelona, 1994, p. 127-142).

Jung, Carl Gustav, *Recuerdos, sueños y pensamientos*, Seix Barral, Barcelona, 1964.

—, *The Red Book* (Sonu Shamdasani, ed.), W. W. Norton, Nueva York, 2009 (traducción castellana: *El libro rojo*, El Hilo de Ariadna, Buenos Aires, 2010).

Outeiro Ferreño, Eduardo, *Cabañas para pensar*, Fundación Luis Seoane, La Coruña, 2011.

Shamdasani, Sonu (2010): *cf.* Jung, Carl Gustav (2009).

Sharr, Adam, *La cabaña de Heidegger. Un espacio para pensar*, Gustavo Gili, Barcelona, 2015 (2006[1]).

Sloterdijk, Peter, *Esferas I. Burbujas Microesferología*, Siruela, Madrid, 2003.